Manga für Kinder

Aleksandar Mihajlov

Manga für Kinder

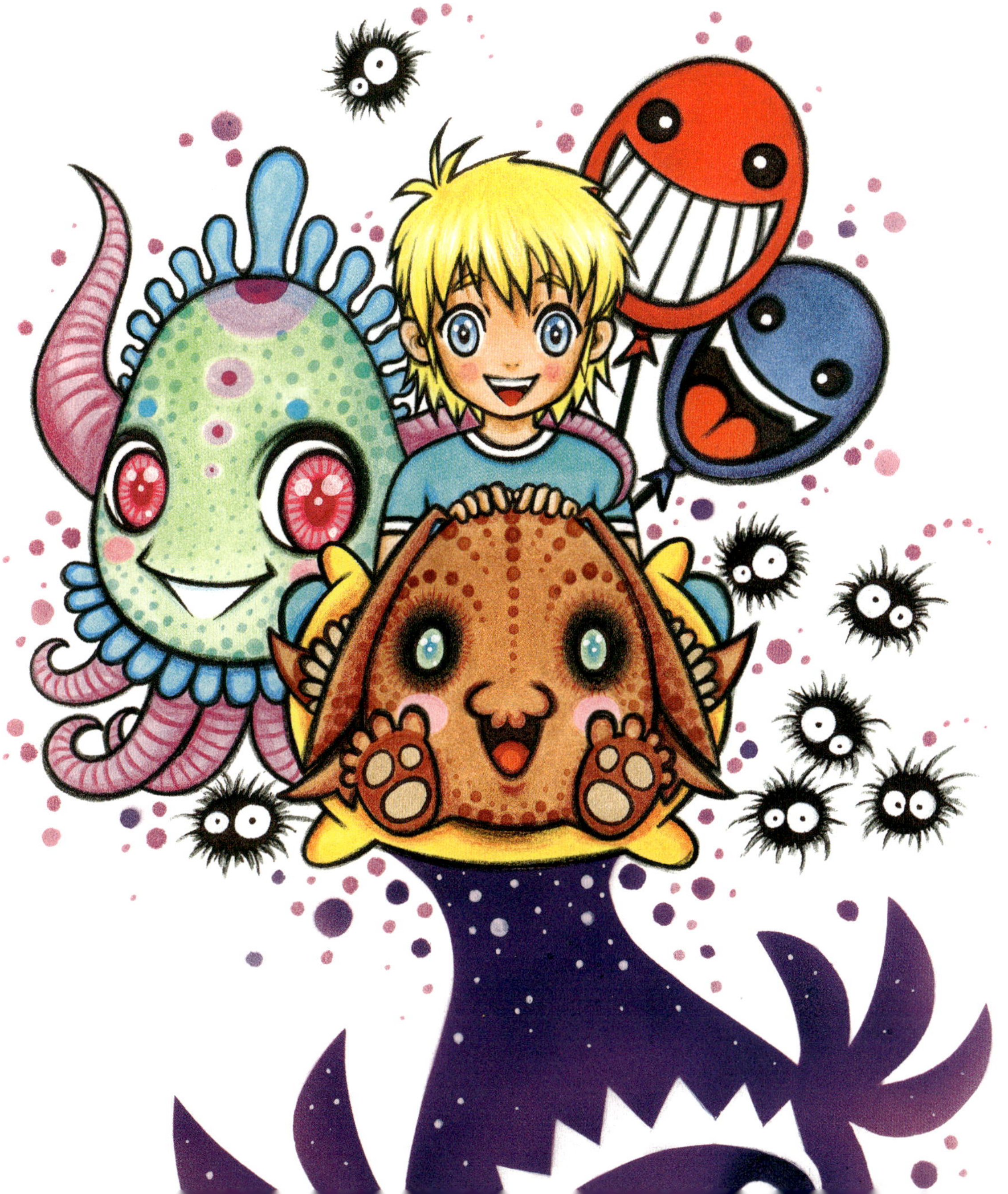

CV

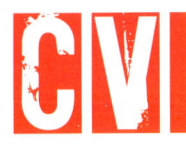

Aleksandar Mihajlov ist seit 1997 als Manga-Künstler und -Illustrator tätig und lebt in Berlin. Er hat bereits zahlreiche Kunstpreise erhalten und seine Werke in Ausstellungen gezeigt. Außerdem gibt er Manga-Kurse an Akademien und Universitäten.
Im Christophorus Verlag hat Aleksandar Mihajlov bereits mehrere erfolgreiche Manga-Zeichenbücher veröffentlicht.
Seit 2012 ist er auch als Theater-Regisseur aktiv und feierte mit dem Manga-Kinder-Theaterprojekt „Die Eroberung der Zeit" Anfang 2015 in Mannheim eine erfolgreiche Premiere.

Dieses Buch widme ich meiner Mutter Milada,
einer tollen und starken Persönlichkeit –
sei geherzt und danke, dass es dich gibt!
Besonderer Dank geht an meine besten Freunde
sowie an alle meine Leser und Manga-Schüler,
die ich unterrichten darf!
Danke euch allen für die Inspiration, die ihr mir gebt!

Autor: Aleksandar Mihajlov
Produktmanagement und Lektorat: Tina Bungeroth
Bildnachweis: S. 4 © Aleksandar Mihajlov;
S. 8 © Frank Schuppelius
Layout und Litho: Michael Feuerer
Druck und Bindung: Ömür Printing, Istanbul

ISBN: 978-3-86230-330-4
Art.-Nr. 30330
© 2016 Christophorus Verlag GmbH & Co. KG, Rheinfelden
Alle Rechte vorbehalten

Besuchen Sie uns auf unserer Website: www.christophorus-verlag.de

Inhaltsverzeichnis

Herzlich willkommen!

Ich freue mich riesig, dich zu diesem Buch begrüßen zu dürfen!

Mit meinen Bildern und Figuren möchte ich dir zeigen, wie man Manga-Figuren ganz einfach zeichnen kann. Durch die genauen Anleitungen, die dir das Zeichnen Schritt für Schritt erklären, werden auch dir tolle Manga-Figuren gelingen.

Die putzigen Figürchen und Monster werden von Kapitel zu Kapitel anspruchsvoller, sodass du immer einen leichten Einstieg für das nächste Kapitel hast. Dabei verwende ich einen Zeichenstil, der nur das Wichtigste einer Figur darstellt. Diesen „Simple Style" mag ich selbst sehr gern, und das Zeichnen ist für dich bestimmt ein Klacks!

Weil bunte Manga-Figuren ganz besonders toll aussehen, zeige ich dir auch, wie man die Figuren ganz einfach farbig gestalten oder Hintergründe anlegen kann. Ich habe für die Bilder Zeichenmaterialien und Farben verwendet, die du bestimmt bereits in deinem Mäppchen hast. Es macht nichts, wenn dir der ein oder andere Stift in deiner Ausstattung fehlt; Hauptsache, du hast die Basics: Stifte zum Zeichnen und Papier.

Damit du alles gut nachvollziehen kannst, zeige ich jede Figur Schritt für Schritt und liste bei jedem Bild genau auf, welche Farbtöne ich verwendet habe. Du musst aber nicht alles genauso machen, wie ich es hier zeige. Du kannst meine Anleitungen auch einfach als Anregungen und Tipps verstehen und so abwandeln, dass beim Zeichnen deine eigenen Figuren entstehen.

Ich wünsche dir nun viel Spaß und Erfolg!

Dein Aleks

Was ist Manga überhaupt?

Mangas kommen aus Japan und sind Comic-Geschichten. In den letzten Jahren haben sie mit ihren fantasievollen und niedlichen Figuren die ganze Welt erobert. Das Besondere an den Manga-Figuren ist ihr meist kindliches Aussehen mit großen und ausdrucksstarken Augen.

Es gibt viele tolle Manga-Zeichner und die verschiedensten Manga-Zeichenstile – von vereinfachten Figuren bis hin zu sehr detaillierten Zeichenstilen ist alles dabei. In Japan werden Mangas sogar von vielen Erwachsenen wie eine Tageszeitung gelesen. Es gibt Mangas für jede Altersgruppe mit den verschiedensten Themen und Geschichten.

Wenn du ein Manga-Comic-Heft in der Hand hältst, wirst du schnell merken, was noch besonders an ihnen ist: Man liest sie nämlich, wie japanische Bücher und Zeitschriften, von hinten nach vorn und von rechts nach links!

Manga-Hefte sind meist schwarz-weiß gedruckt, mittlerweile gibt es aber auch sehr viele farbige Mangas. Von bekannten Zeichnern gibt es sogenannte „Artbooks", kunstvolle Bildsammlungen mit aufwendigen Zeichnungen.

Besonders erfolgreiche Mangas werden oft zu Serien oder Filmen weiterverarbeitet, den sogenannten Animes. Ich selbst bin als Kind in den frühen 80er Jahren mit der Serie „Captain Future" aufgewachsen. Diese Anime-Serie hat mich dazu bewegt, das Zeichnen von Manga-Figuren zu erlernen! Heute gibt es viele Anime-Serien und -Filme, wie z. B. „Chihiros Reise ins Zauberland", der sogar einen Oscar gewonnen hat.

Mangas sind so vielfältig, dass du unter all den vielen Geschichten und Zeichenstilen das Richtige für dich finden wirst. Mit etwas Fantasie machst du daraus deinen ganz eigenen Zeichenstil!

Material zum Manga-Zeichnen

Die Bilder und Figuren in diesem Buch sind mit Materialien entstanden, die du zum großen Teil bestimmt schon zu Hause hast. Du hast den ein oder anderen hier genannten Stift nicht? Keine Sorge!

Nimm einfach einen anderen! Meine Farb- und Materialangaben sind nur Empfehlungen. Mit anderen Farben gelingt dir sicher auch eine tolle Manga-Zeichnung!

Zum Zeichnen: Papier, Bleistift & Co.

Am wichtigsten ist natürlich der **Bleistift**. Ich persönlich benutze bei meinen Arbeiten am liebsten einen HB-Bleistift. Mit ihm kann man gut verschiedene Wischtechniken ausführen und auf die Schnelle eine Skizze schattieren.
Insgesamt solltest du zwei bis drei Bleistifte verschiedener Härten zur Verfügung haben (z.B. in HB, H, B), so kannst du während des Zeichnens die Bleistifte wechseln.

Bleistift-Härtegrade:

B **B**lack = weich (für intensive, gut verwischbare Linien und Schraffuren)

HB **H**ard **B**lack = mittel (für dunkelgraue, etwas verwischbare Linien)

H **H**ard = hart (für hellere, klare, nicht verwischbare Linien)

Zum Spitzen der Bleistifte brauchst du natürlich einen guten **Anspitzer** und einen guten Radierer. Der **Radierer** darf weder so rau sein, dass er das Papier beschädigt, noch darf er den Bleistiftstrich verschmieren. Am besten sind oft weiße oder durchsichtige Kunststoff-Radierer. Probiere deinen Radierer erst auf einem extra Blatt aus.
Es gibt viele sehr gute **Druckbleistifte** mit einem ganz kleinen Radierer am oberen Ende. Dadurch kann man besonders kleine Fläche sehr gut radieren, mir persönlich sind diese Radierer aber viel zu schnell abgenutzt.

Keine Sorge, wenn du den ein oder anderen Stift nicht hast. Ersetze ihn einfach mit einem anderen! Das Allerwichtigste sind die Bleistifte!

Für die Reinzeichnung: Fineliner

Wenn deine Skizze, also deine Entwurfszeichnung, fertig ist, kommt der schwarze **Fineliner** zum Einsatz. Mit ihm zeichnest du dann alles noch einmal nach, um später einen größeren Kontrast zur Farbe zu erhalten. Bleistift eignet sich dazu weniger, weil er grau ist. Er wird von dunkleren Farben überdeckt und die Konturen (Umrisslinien) verblassen.
Für meine Bilder hier im Buch habe ich schwarze Fineliner auf Tuschebasis in den Stärken 0,5, 0,75 und 1,0 benutzt. Wenn du aber nur einen Fineliner hast, geht das auch.
Auch einen schwarzen Kugelschreiber oder einen schwarzen Buntstift könntest du verwenden.
Deine **Reinzeichnung** entsteht, indem du die Linien direkt auf deiner Skizze nachziehst und später alle Bleistiftlinien wegradierst. Besser ist das Ergebnis aber, wenn du die Skizze **abpaust**. Dazu legst du ein neues dünnes Blatt Papier über deine fertige Skizze. Die Linien scheinen durch das Papier hindurch, sodass du sie mit dem Fineliner nachziehen kannst. Es empfiehlt sich, deine Reinzeichnung mehrmals zu kopieren, damit du z. B. verschiedene Farben ausprobieren kannst und auch nicht die Zeichnung noch einmal neu machen musst, wenn beim Ausmalen etwas danebengegangen ist. Dazu kannst du deine Reinzeichnung entweder mit einem Kopierer kopieren oder mit dem Scanner einscannen, auf dem Computer abspeichern und dann ausdrucken.

> Für Konturen wird meist **Schwarz** verwendet. Aber auch farbige Konturen können toll aussehen!

Für das Ausmalen: Buntstifte, Filzstifte, Marker, Gel- und Lackstifte

Zum Ausmalen der Figuren in diesem Buch habe ich hauptsächlich Aquarell-**Buntstifte** sowie Filzstifte und Marker benutzt. Aquarell-Buntstifte verwendet man wie andere Buntstifte auch, man kann sie jedoch auch nass vermalen. Außerdem sind sie etwas farbintensiver. Selbstverständlich kannst du auch ganz normale Buntstifte verwenden.
Das Tolle an Buntstiften ist, dass die Farben mehr oder weniger intensiv werden, je nachdem, wie fest du den Stift beim Zeichnen auf das Papier drückst.
Filzstifte und Marker sind eine schöne Ergänzung zu den Buntstiften. Ich kombiniere gern Stifte verschiedener Sorten. So entstehen ganz tolle neue Mischeffekte. Probiere es aus – es führt immer zu tollen Ergebnissen!
Bei den **Markern** bevorzuge ich solche auf Alkoholbasis (das steht meist auf dem Stift oder der Verpackung), weil damit sehr schöne Farbverläufe möglich sind. Dazu solltest du nur Fineliner auf Tuschebasis verwenden, weil sonst Marker und Fineliner ineinander verlaufen würden.
Wenn du keine Marker zu Hause hast, kannst du auch ganz normale **Filzstifte** benutzen. Viele Filzstifte erzeugen beim Ausmalen Streifen und decken nicht sehr gleichmäßig. Wenn du aber z. B. mit Filzstiften dein Bild ausmalst und mit Buntstiften nacharbeitest, kannst du Ungleichmäßigkeiten gut ausbügeln.

Gel- und Lackstifte eignen sich sehr gut dazu, dein Bild nach dem Ausmalen weiter zu verschönern. So kannst du z. B. nachträglich Details wie Glanzpunkte in dein Bild malen. Beide Stifte decken sehr gut, deshalb kannst du mit ihnen fast alle farbigen Flächen übermalen.
Besonders die Farbe Weiß wird für Ausbesserungen von Fehlern oder für Details und Glanzpunkte benutzt. Du kannst aber auch andersfarbige Gelstifte oder Lackstifte benutzen. Für dieses Buch habe ich ausschließlich weiße Gel- und Lackstifte benutzt.

Diese Dinge brauchst du eigentlich immer, deshalb nenne ich sie bei den einzelnen Schritt-für-Schritt-Anleitungen nicht jedes Mal. Dafür gebe ich für jedes Bild immer die **Farbpalette** an. So kannst du sehen, welche Farben ich zum Grundieren und Schattieren benutzt habe.

Material:
- DIN-A4-Papier
- Bleistifte HB und B
- Radiergummi
- Anspitzer
- Buntstifte
- Fineliner in Schwarz
- Marker auf Alkoholbasis oder Filzstifte
- Gel- oder Lackstift in Weiß
- Neontextmarker

Das solltest du wissen:

Eine **Skizze** ist eine schnelle Zeichnung oder ein Entwurf deines Bildes. Da man beim Skizzieren oft Sachen ausbessert, benutzt man am besten Bleistift und Radiergummi. Eine Skizze sieht meist ziemlich unsauber aus, mit vielen ausradierten Linien und Gekritzel.

Konturen sind Umrisslinien, also die Linien, die die Figuren von der Umgebung trennen, und andere wichtige Linien innerhalb der Figuren. Diese Linien werden von der Skizze auf die **Reinzeichnung** übertragen.

Immer wenn eine gelungene Bleistiftskizze fertig ist, machst du auf einem neuen Blatt mit einem Fineliner eine **Reinzeichnung**. Das ist eine sauber nachgezeichnete oder abgepauste Kopie der Bleistiftskizze ohne Bleistift- oder Radierspuren.
Die Reinzeichnung solltest du **mehrmals kopieren**, damit du z. B. verschiedene Farbkombinationen ausprobieren kannst. Auch musst du die Zeichnung nicht von neuem anfertigen, falls mal etwas schiefgelaufen ist. Dazu kannst du die Reinzeichnung mit einem Kopierer vervielfältigen oder einscannen, abspeichern und ausdrucken.

Durchpausen ist die einfachste Möglichkeit, deine Skizze sauber auf ein neues Blatt Papier zu übertragen. Dazu legst du ein dünnes Blatt Papier über deine Bleistiftskizze. Du musst die Linien der Skizze durch das Papier erkennen können. Ziehe dann die Linien sorgfältig mit einem Fineliner nach.
Mit einer Lichtquelle unter dem Papier kannst du viel einfacher abpausen. Wenn du z. B. deine Skizze und das Abpauspapier mit ablösbarem Klebeband am Fenster befestigst, kannst du die Linien der Skizze gut erkennen.

Illustrationspapier ist besonders dünnes Papier, das sich sehr gut für die Reinzeichnung eignet, weil man die Bleistiftskizze gut hindurchsehen kann. Außerdem ist die Rückseite speziell beschichtet, um das Durchdringen von Filzstiften und Markern zu verhindern. Du kannst aber ebenso normales, **etwas dünneres Papier** verwenden. Meist steht das Papiergewicht als g/m² auf der Verpackung. Je kleiner die Grammzahl, desto dünner ist das Papier, und du kannst beim Abpausen besser hindurchsehen.

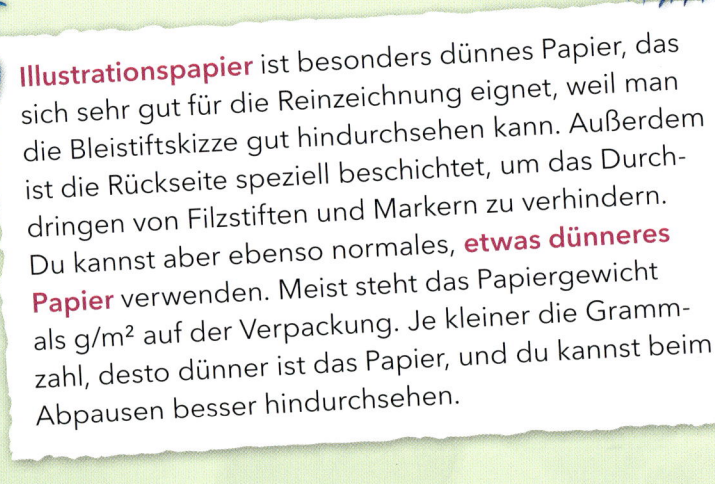

Erst durch die **Schattierungen** bekommt eine Figur eine räumliche Wirkung. Sie sieht dann aus, als könntest du sie wirklich anfassen. Durch die Kombination von Hell und Dunkel wirkt z. B. der Kopf deiner Figur tatsächlich rund und nicht nur flach wie das Blatt Papier. Für die Schattierungen benutzt du dieselben Farben wie für die Grundierung, aber in dunkleren Tönen. Beim Schattieren übermalst du natürlich nicht alle hellen Farben, mit denen du grundiert hast, sondern du malst z. B. Gesichter an den Seiten etwas dunkler, damit der Kopf tatsächlich rund aussieht.

Als **Faustregel für das Schattieren** gilt: Setze überall, wo sich zwei Figuren oder auch z. B. Körperteile berühren, leichte Schattierungen. So zeigst du im folgenden Bildmotiv dass z. B. Guluus Kopf dicker ist als seine Öhrchen. Auch Bereiche einer Figur, auf die kein Licht trifft, werden dunkler gemalt. So schattierst du z. B. Flügel, die zum Flug ausgebreitet sind, an der unteren Seite. Denn die Sonne scheint von oben und erreicht die Flügel-Unterseite nicht. Dort ist es also dunkler. Dasselbe gilt für andere Lichtquellen, z. B. Lampen oder Fenster. Das kannst du selbst z. B. mit einem Buch und deiner Schreibtischlampe ausprobieren!

Die **Grundierung** ist die erste Schicht Farbe, die du auf dein Bild malst. Grundierungen werden immer mit den hellsten Farbtönen ausgeführt, denn falls etwas nicht richtig läuft, kannst du mit dunkleren Farben leichter ausbessern oder Fehler übermalen.

Wenn du verschiedene Materialien kombinierst, entstehen die tollsten **Farbeffekte**. Ich mische z. B. sehr gern Filzstifte oder Marker mit ganz normalen Buntstiften. Auch wenn du mit Buntstiften übereinander schraffierst, ergibt das sehr schöne **Farbmischungen**, z. B. ergibt Blau mit Gelb Grün und Gelb mit Rot Orange.
Wenn du mit Aquarell-Buntstiften arbeitest und die Farbflächen nass vermalen möchtest, solltest du die Farben bereits vorher durch Übereinander-Schraffieren vermischen. Im nassen Zustand vermengen sich die Farben dann richtig, und du erhältst einen neuen und intensiveren Farbton.

Ein **Farbkontrast** entsteht, wenn die Farben in einem Bild sich deutlich voneinander unterscheiden, wie z. B. Grün und Rot oder Gelb und Blau. In Kombination mit Schwarz kannst du einen starken Kontrast erzeugen, da Schwarz die dunkelste mögliche Farbe ist. Zusammen mit Schwarz leuchten alle anderen Farben kräftiger. Daher sind bei Mangas meist die Konturen schwarz.

Los geht's: Aufwärm-Übungen

Bevor du an die schwierigen Motive herangehst, solltest du dich mit einfachen Zeichenübungen „warmzeichnen", ähnlich wie bei Aufwärmübungen beim Sport. Deswegen beginnen wir zunächst mit dem Zeichnen von Kreisen, einem der wichtigsten zeichnerischen Elemente und sozusagen Grundvoraussetzung für jeden Körperaufbau. Wenn du das einigermaßen beherrschst, hast du eine super Vorlage, die du durch unterschiedliche Details zu verschiedenen Figuren verwandeln oder zu Gesichtern gestalten kannst.

Köpfe und Gesichter

Alles beginnt mit einem **Kreis**! Kreise sind sehr wichtig, denn man braucht sie z. B. für den Aufbau eines Kopfes oder Körpers. Nimm dir für unsere Übung ein Blatt Papier und lege es quer vor dir auf den Tisch. Dann zeichnest du von links nach rechts zwei parallele gerade Linien ein, um darauf später die Kreise zu setzen. Dafür kannst du ein Lineal verwenden oder freihand eine gerade Linie ziehen. Je früher du gerade Linien ohne ein Lineal

Entspanntes Gesicht

Augenbrauen: entspannt, Bogenform
Augen: Pupillen normal groß
Mund: geschlossen mit leichtem Lächeln

Freudig strahlendes Gesicht

Augenbrauen: in der Stirnmitte deutlich hochgezogen
Augen: Pupillen etwas größer (wirkt dadurch niedlicher)
Mund: zu einem Lachen geöffnet, mit sichtbaren Zähnen und Zunge

Erstauntes Gesicht

Augenbrauen: Bogenform, gleichmäßig hochgezogen
Augen: Pupillen klein
Mund: sehr klein und O-förmig geöffnet

Schlafendes Gesicht

Augenbrauen: entspannt, Bogenform, gleichmäßig leicht nach oben gezogen
Augen: geschlossen, Augenlider wie Sicheln mit Rundung nach unten
Mund: geschlossen, lächelnd

Lachendes Gesicht

Augenbrauen: in der Stirnmitte deutlich hochgezogen
Augen: geschlossen, Augenlider wie Sicheln mit Rundung nach oben
Mund: geöffnet, mit sichtbaren Zähnen und Zunge

Skeptisches Gesicht

Augenbrauen: eine Augenbraue deutlich hochgezogen
Augen: Pupillen normal groß
Mund: schief

zeichnen kannst, desto besser! Dabei ist es nicht so wichtig, ob die Linie genau gerade ist, die Hauptsache ist, dass die Kreise später auf einer Ebene sind. Auf diese Linien zeichnest du nun jeweils drei große Kreise. Natürlich kannst du auch mehr zeichnen. Wenn die Kreise nicht ganz gleich sind, kannst du noch schnell etwas ausbessern. Stimmt nun alles? Gut, dann müsste dein Handgelenk warm

Diese Gesichter sind eine gute Hilfe für deine eigenen Figuren. So kannst du z. B. auch einer Figur in diesem Buch einfach einen anderen Gesichtsausdruck geben.

genug für eine kurze und einfache Gesichtsstudie sein! Genau dafür nimmst du dir jetzt deine gezeichneten Kreise her! Hier siehst du einige Beispiele von **Gesichtsausdrücken**, sozusagen Grundformen für Emotionen, die du z. B. bei Guluu und auch bei den anderen Manga-Figuren im Buch verwenden kannst. Bei diesen einfachen Gesichtern kannst du an dem Zusammenspiel von Augen, Augenbrauen und Mund ganz leicht erkennen, welcher Gefühlszustand dargestellt wird, d. h. was das Gesicht gerade fühlt.

Trauriges Gesicht

Augenbrauen: in der Stirnmitte hochgezogen, Enden nach unten
Augen: meist klein (große gehen aber auch)
Mund: klein, geschlossen und leicht nach unten gebogen

Ängstliches Gesicht

Augenbrauen: in Stirnmitte hochgezogen, Enden nach unten gebogen
Augen: Pupillen klein
Mund: leicht geöffnet, Mundwinkel nach unten gezogen

Wütendes Gesicht

Augenbrauen: in Stirnmitte heruntergezogen, Enden stark nach oben gebogen
Augen: Pupillen klein
Mund: geöffnet, Mundwinkel nach unten gebogen

Ansicht von vorn

Hier siehst du, wie es sich mit dem Kopf verhält, wenn er leicht bis zur kompletten Seitenansicht gedreht ist. Dafür benutze ich als Beispiel einen normalen freundlichen Gesichtsausdruck. Beide Augen sind gleich groß, Mund und Nase sind in der Mitte.

Leicht gedrehte Ansicht

Die Gesichtslinien sind leicht gebogen. Die verkürzte Gesichtshälfte (hier rechts) hat ein schmaleres Auge und eine verkürzte Mundhälfte.

Ansicht von der Seite

Hier ist nur ein Auge sichtbar, das die Form eines angespitzten Ovals hat. Die schwarze Pupille ist ebenfalls oval. Der Mund ist sehr klein, da auch er in der Kopfposition nicht in voller Größe sichtbar sein kann.

Guluu

Nachdem du jetzt weißt, wie man Gesichter und verschiedene Gesichtsausdrücke zeichnet, kommen wir nun zu Guluu. Dieses kleine süße Monsterchen besteht im Wesentlichen aus einem Kreis.

Aus einem **einfachen Kreis** kann man nämlich die lustigsten Gesichter und Monster kreieren. Mit etwas Fantasie und ein paar Details kannst du diesen Wesen in null Komma nichts Leben einhauchen.

Grundierfarben:

Schattierfarben:

Skizzenaufbau

1 Zeichne in die Mitte eines weißen DIN-A4-Blatts mit Bleistift einen Kreis. Durch diesen Kreis zeichnest du von links nach rechts (horizontal) und von oben nach unten (vertikal) jeweils eine dünne Linie. Dieses **Gesichtskreuz** zeigt dir, wohin du Augen und Mund setzt. Auf die horizontale Linie, die **Augenlinie**, zeichnest du für Guluus **Augen** zwei Ovale. Dann zeichnest du den **Mund** wie ein langgezogenes „U" mittig in die untere Gesichtshälfte. Dort hinein kommen eine Zunge und zwei kleine Zähnchen. Eine Nase hat Guluu zum Glück nicht; das macht das Zeichnen zu Anfang auch wesentlich einfacher. Das Gesicht von Guluu steht nun grob und jetzt kannst du dich den Details und dem restlichen Körper widmen.

2 Jetzt zeichnest du rechts und links die kurzen Ärmchen und Beinchen an den Körper sowie den Drachenschwanz und sechs Fledermausflügel. Die obere Hälfte von Guluu ist noch ziemlich leer, und so bekommt er eine **Punkfrisur** verpasst. Dann verteilst du wie bei einem Tiger spitz zulaufende Streifen im Gesicht und seitlich am Drachenschwanz. Als Nächstes zeichnest du die **Pupillen** in die Augen. Achte dabei darauf, dass die Pupillen dieselbe ovale Form haben wie die Augen. Die Augen umrandest du nun stark mit dem Bleistift. Ins Innere der Augen zeichnest du noch dünn ein paar Glanzpunkte, die in Größe, Form und Positionierung in beiden Augen gleich sein sollten. Deine Bleistiftskizze von Guluu ist jetzt fertig!

Glanzpunkte sorgen dafür, dass die Augen so aussehen, als glänzten sie. Setze gleich viele und gleich geformte Glanzpunkte in beide Augen.

1   2   3

Reinzeichnung

3 Lege ein Blatt Papier über deine Bleistiftskizze. Wenn du Illustrationspapier verwendest, kannst du die Skizze darunter besonders gut erkennen. Mit einem schwarzen **Fineliner** zeichnest du nun die Linien der Skizze nach. Achte darauf, dass du oben bei den Haaren anfängst und nach unten zeichnest. So verhinderst du, dass du die Linien unbeabsichtigt mit der Hand verwischst.

> **TIPP**:
> Lege dir ein extra Blatt Papier unter deine Zeichenhand. So verwischst du bereits gezeichnete Linien nicht.

Grundierung & Kolorierung

4 Nun kannst du mit der farblichen Gestaltung von Guluu beginnen, indem du ihn grundierst.
Dazu malst du Guluu vollständig **mit hellen Farben** aus. So entsteht eine Grundlage für die weiteren Farben und deine Figur wirkt später schön plastisch, so, als könntest du sie anfassen.

Schattierung & Kontraste

5 Erst die Schattierungen sorgen dafür, dass es so aussieht, als könntest du eine Figur wirklich anfassen. Und die Kontraste rücken helle Farben in den Vordergrund. Schattiere Guluu **in dunkleren Farben**, indem du zuerst den Körper, dann die Flügel und zum Schluss die Haare mit jeweils einem Farbton betonst, der zum Farbton der Grundierung passt.
Dabei übermalst du natürlich nicht alle hellen Grundierungsfarben, sondern du malst z.B. Guluus Kopf an den Rändern etwas dunkler. So sieht er tatsächlich rund aus.
Dort, wo zwei Körperteile aneinandergrenzen, setzt du auch **Schattierungen**. So sieht man z.B., dass Guluus Kopf dicker ist als seine Öhrchen. Vergleiche dieses Bild mit dem Grundierungsbild und setze die Schattierungen. Danach verzierst du die Haut von Guluu noch mit dunkleren Pünktchen.

Das kleine Fleder-Monsterchen Guluu fliegt fröhlich durch die Nacht. Zeichne ihm auch mal statt Flügeln Flossen und lass es im Meer schwimmen!

4

5

Details

6 Mit kleinen Feinheiten, Details und ein wenig Farbe kannst du jedes Motiv noch mehr hervorheben oder es farblich unterstreichen. Um Guluu richtig zum **Leuchten** zu bringen, nimmst du einen ganz hellen Farbton, vielleicht sogar einen Neonfarbton, und umrandest damit deinen Guluu.

TIPP:
Ein Motiv wie dieses hier eignet sich sehr gut für einen **Stoffdruck**. Drucke dein Monsterchen mit dem Drucker auf speziellem Aufbügelpapier aus und lass es von einem Erwachsenen auf ein T-Shirt oder eine Stofftasche bügeln – fertig!

So entsteht der Eindruck, als würde er hell glühen. Zum Schluss setzt du um Guluu herum noch ganz viele Pünktchen, die zum Blattrand hin immer kleiner und weniger werden. Jetzt hast du es auch schon geschafft! Dein erstes **Kugelmonster** ist fertig!

Space-Kartoffeln

Die lustigen Space-Kartoffeln fliegen durch ferne Galaxien. Dafür bekommen sie auch einen passenden Hintergrund. Das dunkle Weltall bildet einen tollen Kontrast zu den bunten Figuren.

Grundierfarben:

Schattierfarben:

Hintergrundfarben:

Skizzenaufbau

1 Auf ein weißes Blatt zeichnest du vier **birnenförmige Körper**. Deine können natürlich anders aussehen als meine und auch anders angeordnet sein. Anschließend zeichnest du jeweils ein Gesichtskreuz ein. Die vertikale Linie bestimmt die Drehrichtung des Körpers, d. h. wir sehen die Space-Kartoffeln nicht ganz von vorn, sondern etwas **von der Seite**. Je mehr sich der Körper dreht, desto gebogener ist die Linie (siehe Papa Kartoffel, rechts oben). Dann zeichnest du unterhalb der horizontalen Linie die Tentakel ein. Papa Kartoffel bekommt noch seitlich einen weit aufgerissenen Mund.

2 Als Nächstes zeichnest du für die **Augen** verschieden große Kreise ein – natürlich können es auch mehr als zwei sein! Jetzt kommen noch die Pupillen – und schon schauen deine Space-Kartoffeln lustig aus der Wäsche. Jetzt fehlen nur noch die **Details**: Haare, Zähne, Babyflasche etc. Zeichne sie ein und füge vielleicht noch eigene Details hinzu.

Wie wäre es mit **Space-Bananen**? Hole dir Ideen aus deiner Umgebung. In einem Korb mit Obst z. B. findest du die lustigsten Formen!

Kolorierung, Grundierung & Schattierung

 Diesmal habe ich ohne Reinzeichnung und **direkt auf der Skizze** weitergearbeitet, weil die Konturen nicht schwarz sondern farbig werden sollen (Reinzeichnung am Ende des Buches). Am besten überlegst du gleich am Anfang, mit welchen Buntstiftfarben du deine Space-Kartoffeln ausmalen möchtest. Dann wählst du dazu jeweils einen passenden dunkleren Farbton (z. B. Blau oder Dunkelgrün zu Hellgrün). Mit diesen dunklen Tönen zeichnest du die Linien der Skizze nach. Für die **Augen** benutzt du am besten Schwarz. Das Ausmalen der Kartoffeln beginnt auch hier wieder mit den hellen Farbtönen. Zuerst malst du alle Figuren aus. Dabei beginnst du mit den großen Flächen, die du mit verschiedenen hellen Grüntönen ausmalst. Dann kommen erst die kleineren Details, wie Flecken, Augen und Sterne, an die Reihe. Die weißen Augen kannst du jetzt schon innen mit Hellblau umranden – so schattierst du sie gleich im Voraus.

> Du kannst auch ohne Reinzeichnung arbeiten, wenn du z. B. farbige Konturen in deinem Bild haben willst.

Nun gibst du den Kartoffeln mit passenden dunklen Farbtönen mehr **Kontrast**, indem du die Umrandungslinien der Kartoffeln innen mit dunkleren Grüntönen nachziehst.

Anschließend schaust du dir dein Bild noch einmal genau an. Sind irgendwo Linien wackelig, Schattierungen ungleichmäßig oder bist du mit einer Farbe nicht zufrieden? Das kannst du jetzt gut ausbessern, indem du z. B. mit Buntstiften nacharbeitest.

Hintergrund

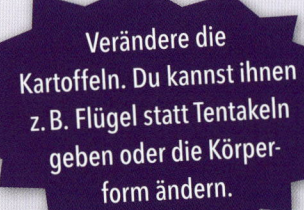 Zuerst umrandest du alle Kartoffeln dick mit einem Marker in Lila und setzt um sie herum auch noch ein paar Punkte. Anschließend malst du mit einem schwarzen Marker den Hintergrund vollständig aus. Jetzt herrscht im Hintergrund der Kartoffeln rabenschwarze Nacht!

Das Bild wirkt jetzt allerdings noch ziemlich dunkel; deshalb setzt du mit einem weißen Lackstift überall verteilt kleine weiße Punkte, wie Sterne im Weltall. Du kannst auch einen weißen Gelstift dafür benutzen, wichtig ist nur, dass du von oben nach unten arbeitest und auch ein **extra Blatt als Handauflage** benutzt, damit nichts verwischt.

Mit dem weißen Gelstift kannst du nun auch noch Ausbesserungen in allen weißen Bereichen vornehmen. Sind die Noten sauber gezeichnet? Gefallen dir die Zähne? Auch die Augen kannst du jetzt noch abrunden.

> Verändere die Kartoffeln. Du kannst ihnen z. B. Flügel statt Tentakeln geben oder die Körperform ändern.

Funny Monsters

Grundierfarben:

Schattierfarben:

Nachdem wir nun Profis im Monster-Zeichnen sind, kommen wir zur nächsten Herausforderung: Wir zeichnen auf größerem Papier! Mit den Funny Monsters zeige ich dir, wie du **Aquarell-Buntstifte** trocken und nass verwendest. Das geht am besten auf Aquarellpapier. Wenn du normales Papier verwendest, solltest du auf die Nasstechnik verzichten, damit sich das Papier nicht auflöst.

Skizzenaufbau

1 Zuerst zeichnest du auf einem Blatt **Aquarellpapier** mit Bleistift die Körperformen vor. Diesmal habe ich mich von Gemüse inspirieren lassen – wenn du genau hinschaust, kannst du die Formen von Auberginen und Kartoffeln erkennen. Anschließend zeichnest du auf unterschiedlicher Höhe die Gesichtskreuze ein. Danach kommen bereits jetzt einige Details an die Reihe.

> Ich zeige jeden Skizzen-Schritt in seiner eigenen Farbe. Du zeichnest einfach mit Bleistift.

1

2

2 Weil diese Skizze viele Figuren enthält, bin ich **schrittweise** vorgegangen. Dabei hat jeder Schritt seine eigene Farbe bekommen. Du selbst zeichnest natürlich einfach nur mit Bleistift. Als Erstes zeichnest du alle blau gekennzeichneten Details ein, anschließend alle grünen und dann alle roten. Das Abzeichnen funktioniert in kleinen Schritten am besten, und es entsteht kein Durcheinander.

3 Wenn die Bleistiftskizze **fertig** ist, radierst du alle Gesichtskreuze weg. Falls dir ein Fehler auffällt oder etwas verschmiert ist, kannst du es jetzt ebenfalls wegradieren und ausbessern.

Reinzeichnung

4 Mit einem schwarzen Marker mit dicker Spitze (wasserfest oder auf Alkoholbasis, damit später nichts verschmiert) ziehst du nun die **wichtigsten Linien** der Bleistiftskizze nach und radierst anschließend letzte Bleistiftspuren vom Bild. Nun steht die Reinzeichnung, und alle Figuren sind mit schwarzen Konturen umrandet, und die Kolorierung kann beginnen!

Verwende hier unbedingt einen **wasserfesten Stift**, weil du später mit nasser Farbe und mit Wasser arbeiten wirst!

Die Funny Monsters bemühen sich wirklich sehr, gruselig auszusehen. Doch dafür sind sie viel zu lustig-bunt!

3

4

Kolorierung

5 Die farbliche Ausarbeitung beginnt auch hier mit den hellen Farbtönen. Zuerst malst du mit Aquarell-Buntstiften alle Figuren in **hellen Farbtönen** aus. Du beginnst mit den größeren Flächen, den Körpern, und arbeitest dich zu den kleinen Flächen vor.

Danach machen wir uns an die Schatten und Kontraste. Dafür wählst du jeweils einen **dunkleren Ton** zur helleren Grundierungsfarbe (z. B. Dunkelrot zu Rot, Dunkelgrün zu Grün). Schattiere die Monster, indem du sie auf der Körperinnenseite dunkel umrandest. Helle und dunkle Farben ergeben zusammen einen Farbkontrast (Hell-Dunkel-Kontrast).

Durch die **Umrandungen** in Schwarz, also der allerdunkelsten Farbe, leuchtet die Farbe erst so richtig und die Monster sehen schön bunt aus.

> Spüle deinen Pinsel vor jeder neuen Farbe mit klarem Wasser aus, damit sich die verschiedenen Farben nicht vermischen.

6 Wenn alle Figuren ausgemalt sind, nimmst du einen **Pinsel** und ein Glas **Wasser** und vermalst die trockene Buntstiftfarbe mit dem nassen Pinsel.

Dabei solltest du Fläche für Fläche ausmalen und sie zwischendrin auch trocknen lassen, damit sich die Farben nicht zu sehr vermischen. Durch das Arbeiten mit dem Wasser entsteht ein intensiverer Farbeffekt und die vorher sichtbare Struktur des Papiers verschwindet.

Du kannst auch **Farben mischen**, indem du sie trocken ineinander schraffierst. Zunächst kannst du noch beide Farben als einzelne Striche sehen. Doch sobald du die schraffierte Fläche mit einem nassen Pinsel vermalst, vermischen sich die Farben zu einer neuen Farbe!

Auch Schattierungen sehen mit der Nasstechnik ganz toll aus, weil sie sehr sanft verlaufen. Das kannst du z. B. gut im blauen Bauch des Monsters unten links erkennen. Dazu schraffierst du die Fläche auf der einen Seite leichter, auf der anderen Seite stärker. Beim anschließenden **Vermalen** mit einem nassen Pinsel kannst du die Farbe zusätzlich in die gewünschte Richtung wischen.

Hier mal ein kleiner **Tipp** von mir: Wenn du flüssige und stark mit Wasser verdünnte Aquarellfarben für den **Hintergrund** einsetzt, kannst du im Nu große Flächen mit dem Pinsel ausmalen und auch tolle Farbmischungen erhalten.

Dann solltest du das Bild allerdings mit Kreppklebeband auf dem Tisch festkleben, sonst bekommt das Papier durch das viele Wasser Wellen.

> Und jetzt du!
> Solange die Aquarellfarbe auf dem Papier noch feucht ist, kannst du mit feinen oder groben Salzkörnern tolle Effekte zaubern. Probiere es auf einem extra Blatt einmal aus.

Character Design

Chibies

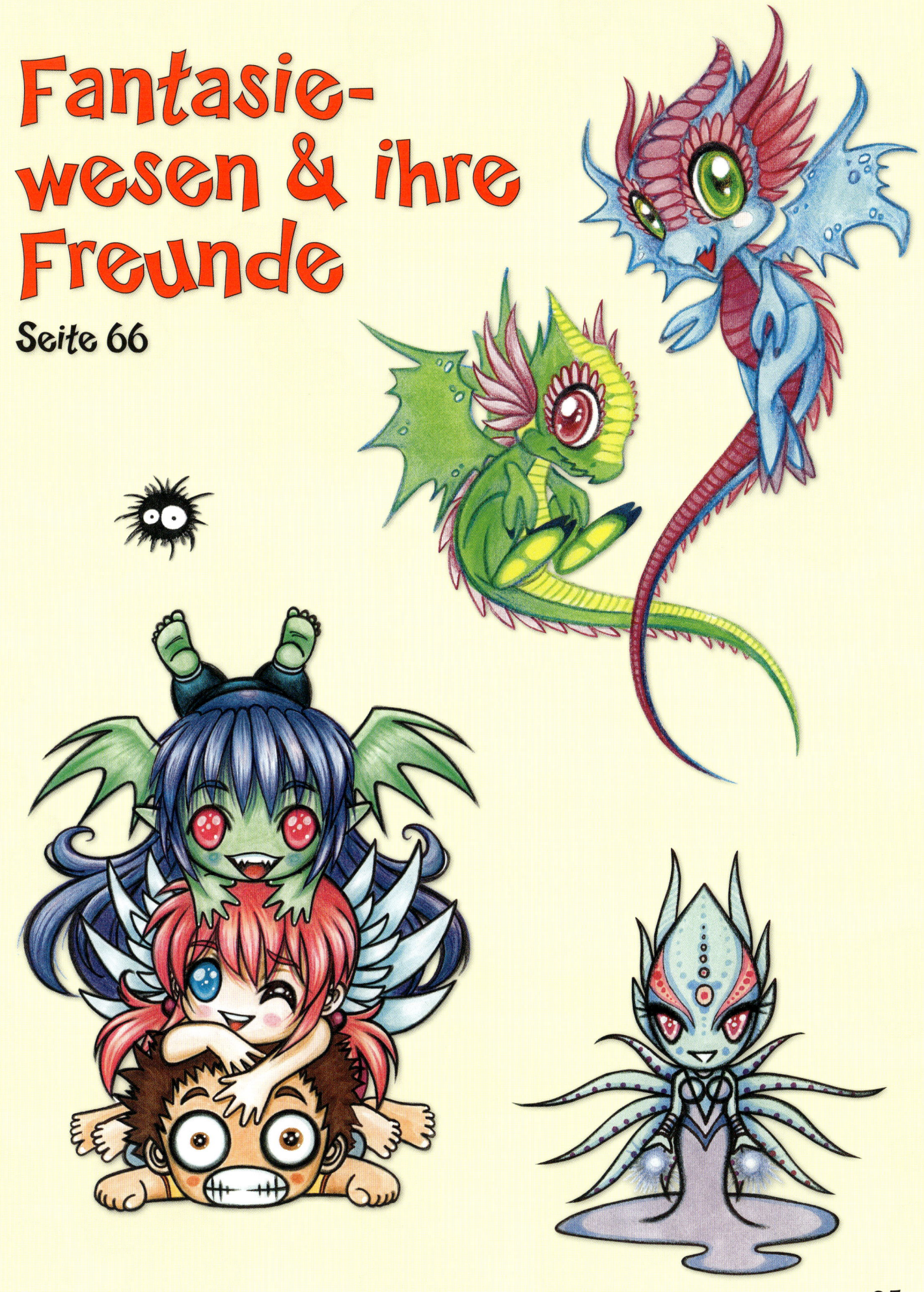

Fantasie-wesen & ihre Freunde

Seite 66

Character Design – einfache Figuren entwickeln

Nachdem dir unsere ersten Figuren bestimmt super gelungen sind, möchte ich dir zeigen, wie man ganz leicht auch eigene Figuren entwickeln kann. Dazu zeichnen wir eine einfache Grundfigur, aus der du mit kleinen Veränderungen und verschiedenen Details unterschiedliche Figuren erfinden kannst. Das Entwickeln und Entwerfen von eigenen Figuren nennt man **Character Design**.
An den folgenden drei Beispielen zeige ich dir dann, was man alles aus unserer Grundfigur machen kann.

Du kannst meine Figuren ruhig etwas abändern und so ganz neue Charaktere entwerfen – dein eigenes „Character Design". Du bekommst jetzt von mir die Aufgabe, anhand eines einfachen Körpergerüsts meine Figuren zuerst abzuzeichnen und zu erlernen, um dann im Anschluss eigene Fabelwesen zu erfinden!

Skizze

Los geht es wie immer mit einer Skizze. Diese hier wird unsere Grundfigur, die wir dann später weiter verändern. Wenn dir die Skizze gelungen ist, ist es daher hilfreich, sie wie eine Reinzeichnung zu kopieren oder durchzupausen. Dann kannst du immer wieder auf sie zurückgreifen, um neue Figuren zu entwickeln.
Lege also ein DIN-A4-Blatt vor dich hin. Zuerst kommt der große runde Kopf. Im Vergleich dazu ist der Körper viel kleiner. Zeichne ihn mit einfach abgerundeten Armen und Beinen.
Anschließend ziehst du das Gesichtskreuz in den Kopf. Die Linie für die Augen setzt du recht tief, damit die Figur schön putzig aussieht.

großer Kopf + kleiner Körper = putzige, kindliche Wirkung

Weiterentwicklung

Anschließend kannst du aus deiner Skizze die verschiedensten Figuren bauen. Hier siehst du die Reinzeichnungen der Figuren, die wir auf den nächsten Seiten zeichnen werden. Toll, oder? Ich habe die Grundskizze mit recht einfachen Mitteln verändert und aufgepeppt: Den kleinen Feuergeist habe ich mit Flammen umgeben und der Mini-Greif hat Hörner, einen Schnabel und einen Schwanz bekommen. Beim Flickenjungen mit der Kappe von Trick or Treat ist die Grundfigur noch am ehesten zu erkennen. Hier bin ich bei der Ausarbeitung des Bildes aber noch zwei Schritte weiter gegangen, denn ich habe den Flickenjungen mit anderen Figuren ergänzt und dem Bild einen Hintergrund gegeben. Das alles verändert die Grundfigur. Du siehst: Die Möglichkeiten sind unbegrenzt!

27

Wir zeichnen hier im „Simple Style": Alles wird vereinfacht gezeichnet, und manche Details werden einfach weggelassen, wie z. B. Nasen, Hände, Füße.

Feuergeist

Los geht es mit der ersten Figur, die auf unserer **Grundfigur** aufbaut, dem kleinen Feuergeist! Pass auf, dass du dich nicht verbrennst!

Grundierfarben:

Schattierfarben:

Skizzenaufbau

1 Ziehe nun im Kopf der Grundfigur ein **Gesichtskreuz**. Dabei legst du die Augenlinie (die quer verlaufende Linie, auf der die Augen platziert werden) recht weit unten an, damit du Platz für große Augen hast. So bekommt die Figur einen niedlichen Gesichtsausdruck.

2 Für die **Augen** zeichnest du weit auseinander stehende Ovale ein und setzt einen Glanzpunkt hinein.

Unter der Augenlinie zeichnest du mittig einen kleinen offenen Mund und vervollständigst ihn mit Zunge und Zähnchen. Nun lacht deine Figur.

3 Statt der Hände zeichnest du zwei **Kugeln** an die Arme. Daraus sollen später Feuerbälle werden, die hell leuchten. Um die Augen herum zeichnest du eine nach oben lodernde flammenähnliche Form, so bekommen die Augen etwas mehr Pfiff! Probiere ruhig auch andere Formen aus.

4 Nun kannst du auch **Flammenhaare** einzeichnen. Alles was von den Hilfsformen und Hilfslinien im Kopf des Feuergeistes nun nicht mehr gebraucht wird, radierst du einfach weg.

5 Passend zu den Flammenhaaren zeichnest du einen großen **Feuerumhang**. Dieser rundet den Feuergeist richtig ab, und die Zeichnung ist nun soweit fertig!

Kolorierung

6 Wenn du jetzt den kleinen Feuergeist fertig gezeichnet hast, kannst du gleich die nächste Figur beginnen oder du malst die Figur aus und zeichnest dann die zweite Figur. Das Ausmalen der Figur ist sehr leicht; ich erkläre dir schnell, wie es geht: Mit einem roten Buntstift ziehst du sämtliche Bleistiftaußenlinien der Figur nach und malst anschließend die Figur in den **hellen Farbtönen** Gelb und Orange aus. Danach setzt du noch mit Rot und Orange einige **Akzente**, damit alles aussieht wie flammendes Feuer. Dadurch heben sich auch die hellen Farben schön ab und der Feuergeist leuchtet richtig. Das war doch ein Kinderspiel, oder?

Versuche mal, ein Gegenstück zu deinem Feuergeist zu zeichnen, einen Wassergeist! Je nach Element ändern sich auch die Formen. Während Feuer eher spitze Formen hat, ist Wasser tropfen- oder wellenförmig.

Mini-Greif

Beginnen wir mit der zweiten Skizze und zeichnen einen Mini-Greif!
Indem du einige **wichtige Merkmale** der Figur veränderst, erreichst du ein ganz neues Aussehen. Mit den Hörnern, Flügeln und dem Schnabel kann man kaum ahnen, dass der Mini-Greif dieselbe Grundfigur hat wie der Feuergeist!

Grundierfarben:

Schattierfarben:

Skizzenaufbau

1 Zuerst zeichnest du das **Gesichtskreuz** in den Kopfkreis ein. Anschließend zeichnest du unterhalb des Kinnes ein langgezogenes „U" bis hin zur Bauchpartie in den Körper.

2 Wenn du damit fertig bist, zeichnest du die **Augen** als Ovale auf die Augenlinie. Achte dabei darauf, dass zwischen die Augen noch mindestens zwei weitere Ovale hineinpassen würden. Dann setzt du in beide Augen mehrere Glanzpunkte, damit sie schön glänzen. Statt eines Mundes bekommt der kleine Greif einen Schnabel. Die obere Hälfte kannst du ruhig schon mal einzeichnen. An den oberen Kopfseiten zeichnest du zwei lange gebogene **Hörner**, wie bei einem Stier – das macht den Greif interessanter und wilder.

3 Danach ist die Unterseite des **Schnabels** dran, die du nun mit einem breiten Grinsen einzeichnest. Als Nächstes kommen die Schlappohren, die du unterhalb der Hörner einzeichnest, und dann die Haare, die wie Schläuche auf dem Kopf liegen.

4 Zeichne nun zwei Drachenflügel an den Rücken und dahinter einen gebogenen **Drachenschwanz**. Nun steht die grobe Skizze und du kannst dich den Details widmen.

5 Um den Haaren mehr Struktur zu geben, zeichnest du Rillen ein. Dann bekommt der Körper rundherum ein leicht gezacktes **Fell**. Auf der Stirn werden noch ein paar Juwelen eingezeichnet und zum Abschluss kommen noch Hufe an Arme und Beine – fertig ist der Mini-Greif!

Kolorierung

 Nun zeichnest du alle Konturen **dunkel** mit Buntstiften nach, dann grundierst du den Körper zuerst mit den **hellen Farben**. Wenn alles ausgemalt ist, schattierst du mit passenden dunkleren Buntstiftfarben die Figur.

Beim Fell sieht man deutlich, dass ruhig alles rundherum mit dunkler Schattierungsfarbe nachgefahren werden kann. An Stellen, die nahe am Körper sind, wie z.B. Hals, Arme, Kopf, Ohren und Flügelinneres, sind die **Schatten besonders dunkel**, weil dort wenig Licht hinfällt.

So, jetzt hast du schon deine zweite Figur gestaltet!

Trick or Treat

Grundierfarben:

Schattierfarben:

Hintergrundfarben:

Die dritte und letzte Übungsfigur aus unserer Character-Design-Übung habe ich Trick or Treat genannt, weil die kleinen Kerlchen an Halloween so richtig Spaß haben.
Hier siehst du deutlich, welchen Unterschied ein **Hintergrund und weitere Figuren** machen. Jetzt kannst du dir zu unserer Grundfigur eine richtige Geschichte vorstellen!

Skizzenaufbau

1 Auch hier zeichnest du wieder zuerst das **Gesichtskreuz** ein. Du siehst, dass ich die Augenlinie sehr tief angesetzt habe, damit unser Flickenjunge zwar gruselig, aber auch niedlich wird.

2 Eine Baseballkappe soll den Flickenjungen später frech und sportlich aussehen lassen. Die **Kappe** kannst du jetzt schon schief auf dem Kopf liegend einzeichnen.

Danach bekommt der Flicken-junge zwei Knöpfe als **Augen**, Haare, die auf der rechten Seite unter der Kappe hervor-schauen, und einen sehr breiten lustigen Grinsemund, den du unterhalb der Augenlinie mit heraushän-gender Zunge einzeichnest.

3 Jetzt kommen die zeichneri-schen **Details** an die Reihe, nämlich die Stoff-Flicken und Nähte! Wie bei einem geflickten Teddybär zeichnest du in Kopf und Körper die Nähte ein und verteilst dann die Stoff-Flicken auf dem Körper.

4 Um es zu einem richtigen Halloween-Bild zu machen, kommen noch ein paar passende Figuren und Gegenstände dazu. Als Erstes zeichnest du eine über-dimensionale **Zuckerstange** hinter den Flickenjungen sowie einen riesigen Lolli in seine rechte Hand. In die linke Hand zeichnest du eine Süßigkeitentasche in Form eines lustigen kleinen Toten-kopfes.

5 Zwei Kürbisköpfe, eine Fledermaus und ein paar Gespenster sorgen für eine **lustig-gruselige Stimmung** im Bild. Ich zeige dir die Figuren hier einzeln. Platziere sie so, wie du möchtest.

Der Flickenjunge und seine Freunde machen an Hallo-ween die Nachbarschaft unsicher. Was wohl das Saure ist, wenn sie kein Süßes bekommen?

4

5

Kolorierung & Hintergrund

6 Mit Buntstiften zeichnest du die Konturen aller Figuren farbig nach, danach malst du sie in **hellen Farben** aus und schattierst sie mit dunkleren Farbtönen.

7 Für den Hintergrund nimmst du Farben wie die auf dem Bild oder deiner Wahl und unterteilst das Bild in **Streifen**, die du danach in den jeweiligen Farben ausmalst.

8 Nun musst du nur noch mit Filzstift die **Punkte** malen. Beginne bei den Farbstreifen im Hintergrund; immer schön viele Punkte an jeder Linie entlang einzeichnen.
Alle Figuren bekommen jetzt auf dem Boden ihre **Schatten**, die du auch mit vielen kleinen Punkten andeutest.
Jetzt ist das Bild fertig. Der Hintergrund wirkt durch das Punktmuster zwar unscharf, aber sehr lebendig und man kann einen Gehweg erkennen.

Wie du bei allen bisherigen Bildbeispielen deutlich sehen konntest, ist das eigentliche Zeichnen gar nicht so schwer. Worauf es wirklich ankommt, ist deine Fantasie! Erst durch sie kannst du ein einfaches Grundkörpergerüst in einen ganz eigenständigen und coolen Comic-Charakter verwandeln, der deinen Geschmack und deine Ideen zum Ausdruck bringt!

> Besondere Eigenschaften einer Figur kannst du gut mit zusätzlichen Details hervorheben, wie z. B. Kleidung. Auch zusätzliche Figuren machen dem Betrachter deutlich, worum es im Bild geht!

Chibies

„Was sind Chibies?", fragst du dich jetzt bestimmt. Vielleicht kennst du sie aber auch schon aus Manga-Comics, -Serien und Animes. Chibies sind kleine niedliche Manga-Figuren, manchmal auch geschrumpfte Versionen von erwachsenen Manga-Figuren. Das Besondere an ihnen ist der sehr große Kopf und ein kleiner Körper. Arme und Beine werden unterschiedlich gezeichnet. Der eine Zeichner mag kleine und dünne Ärmchen und Beinchen, und ein anderer zeichnet eher dickere Arme und Beine, so wie ich. ;-) Eines haben sie aber alle gemeinsam: Sie sehen sehr süß aus und haben einen viiiiiel zu großen Kopf!

Mit den folgenden Bildern und Zeichenschritten will ich dir verschiedene Darstellungsformen von Chibies zeigen, damit du eine große Bildauswahl für eigene Chibies hast.

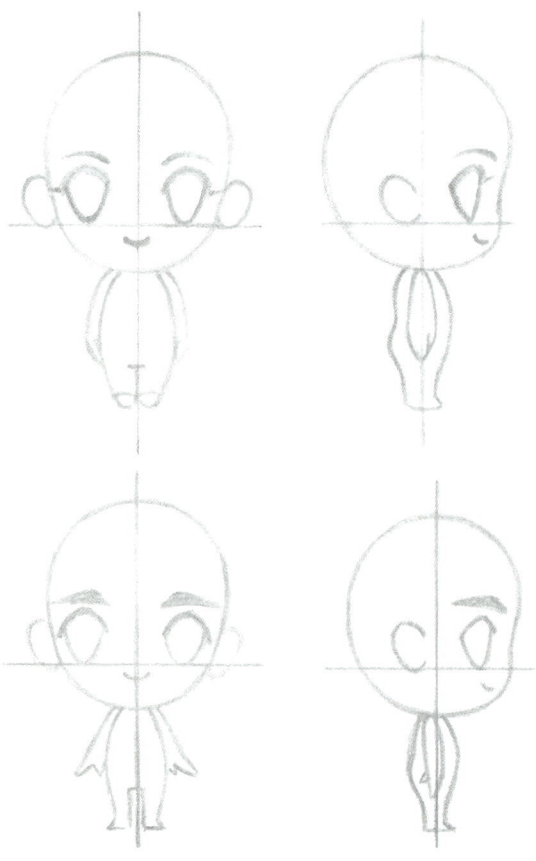

Skizzenaufbau mit Gesichtskreuz
(Vorder- und Seitenansicht)

Fertige Skizze
mit typischen Frisuren

Damit du dir eigene Chibies entwickeln
kannst, siehst du unten links jeweils
den Aufbau eines Mädchen- und eines
Jungen-Chibies. Ganz wichtig ist die sehr
niedrige Augenlinie. Wenn die Augen in
der unteren Kopfhälfte liegen, sehen deine
Chibies besonders goldig aus!
Unten rechts siehst du Chibie-Gesichter mit
verschiedenen Ausdrücken. Natürlich gibt
es noch viel mehr Möglichkeiten. Mit einem
anderen Gesichtsausdruck bekommst du ein
ganz anderes Bild!

Auch durch
andere Kleidung oder Haare
kannst du die Wirkung deines
Bildes verändern.

zufrieden/lächelnd

lachend

erstaunt

traurig

sehr traurig

wütend

schlafend

von Herzen lachend

skeptisch

megaverdutzt

hypnotisiert

K.O.

Voodoorella

Grundierfarben:

Schattierfarben:

Für dieses Chibie habe ich mich von Halloween inspirieren lassen. Voodoorella ist ein ganz niedliches Chibie-Mädchen mit Dreadlocks und großen Augen. Sie ist leicht zu zeichnen, denn hier habe ich den **„Simple Style"** mit dicken schwarzen Umrisslinien und sehr vereinfachten zeichnerischen Elementen kombiniert. Voodoorella ist eindeutig süß und makaber zugleich, perfekt für Halloween!

Skizzenaufbau

1 Auf einem weißen DIN-A4-Blatt zeichnest du ungefähr in der Mitte mit Bleistift einen Kreis. Er sollte nicht zu klein sein, damit du später genug Platz für das Gesicht hast. Nun zeichnest du das **Gesichtskreuz** ein, um den Kopf einzuteilen.
Der Körper ist sehr einfach: Du zeichnest ein umgedrehtes großes „U", das etwas kleiner ist als der Kopf. Mit der Gesamtlänge des „U"s bestimmst du die Körpergröße.

> **„Simple Style":**
> In diesem Zeichenstil kann man auf manche Details verzichten. So genügt es z. B., Hände einfach nur als Kreise zu zeichnen und die Finger wegzulassen! Wenn du den „Simple Style" verwendest, solltest du die ganze Zeichnung in diesem Stil zeichnen, damit das Gesamtbild stimmt!

1

2

Das untere offene Ende des „U"s schließt du mit einem querliegenden Oval ab – und fertig ist der Körper samt Kleid!

Im Schulterbereich zeichnest du jetzt zwei kleine Kreise ein, um zu markieren, wo später die Arme angesetzt werden. Da Voodoorella etwas in den Händen halten soll, zeichnest du für die **Hände** vor dem Bauch zwei dicht zusammenliegende Kreise ein.

Als Nächstes zeichnest du die Ärmel des Kleids dazu.

Der Kopf bekommt zwei **Augen**, diesmal mit Absicht ohne Pupille, damit Voodoorella etwas gruselig aussieht, und mittig einen breiten Grinsemund.

2 Dann bekommt sie noch eine tolle **Dreadlockfrisur**. Dabei kannst du nichts falsch machen, denn Dreadlocks sehen oft wild und individuell aus!

3 Nun schnell noch ein paar Hühnchenknochen ins Haar gezaubert, und das **Gesicht** mit Nähten versehen (keine Sorge, das ist nur eine Verkleidung), und schon sieht sie aus wie ein kleines putziges Voodoo-Püppchen!

4 Als Letztes kommen noch ein paar **Kleidungsdetails** und eine tolle Halloween-Süßigkeitentasche hinzu und Voodoorella ist jetzt als Skizze fertig!

Ich liebe Halloween, all die tollen Süßigkeiten und die unglaublichen Verkleidungen! Lass dir für deine eigenen Figuren unheimliche Verkleidungen einfallen.

3

4

Reinzeichnung

5 Mit einem schwarzen Fineliner zeichnest du nun alle Konturen dick nach. Je dicker deine schwarzen Konturen werden, desto mehr **Kontrast** bekommst du beim späteren Kolorieren. Besonders die Augen betonst du stark, indem du sie ein paar Mal mit Schwarz umfährst. Wenn du möchtest, kannst du natürlich auch Pupillen in die Augen setzen. Ich habe mich hier für den etwas gruseligen Blick ohne Pupillen entschieden.

Kolorierung & Grundierung

6 Nun grundierst du Voodoorella mit **hellen Farben**. Dazu brauchst du gar nicht so viele Farben. Du kannst Buntstifte oder Filzstifte verwenden oder diese sogar kombinieren. Alles ist erlaubt, je nachdem, was dein Sortiment hergibt!
Wenn du Voodoorella etwas kleiner als hier abgebildet zeichnest, könntest du sie auch vollständig mit Gelstiften ausmalen und vielleicht sogar mit Metallicfarben, wie Silber und Gold, ausarbeiten. Trau dich ruhig, die von mir vorgeschlagenen Farben auszutauschen – das führt zu eigenen tollen Ergebnissen!
In den Haaren habe ich die **Punktiertechnik** angewandt, die in den folgenden Motiven noch öfter erscheint und ein ganz einfaches Stilmittel ist, um bestimmten Bereichen mehr Schattierung oder Struktur zu verleihen. Die vielen kleinen und großen Punkte malst du mit Buntstiften oder Filzstiften und verteilst sie beliebig in der Fläche, die du gestalten möchtest.

Schattierung, Kontraste & Details

7 Nun werden die Schattierungen und Kontraste gesetzt, damit z. B. die Haare lebendiger wirken. Auch im Gesicht und in der Schürze entsteht so mehr **Struktur**. So bekommt die Schürze z. B. Längsstreifen. Um die Umrisslinien etwas weicher zu gestalten, ziehst du sie mit einer dunkleren Schattierungsfarbe nach.
Anstatt etwas komplett auszumalen, könntest du auch nur Punkte benutzen. Später im Lauf des Buches benutze ich die Punktiertechnik sogar für Schattierungen.

TIPP:
Wenn die Kolorierung komplett fertig ist, ziehe mit einem schwarzen Buntstift nachträglich alle Konturen der Figur noch einmal dick nach. So intensivierst du die Farbigkeit der Figur!

Und jetzt du!
Gestalte einen Hintergrund für Voodoorella.
Du kannst auch weitere Figuren hineinzeichnen.
Wie wäre es mit einem Monster, ein paar
Süßigkeiten oder Gespenstern?

Wavelette

Dieses süße Meereswesen ist ebenfalls im „Simple Style" gezeichnet. Der hat den großen Vorteil, dass man **kniffelige Details**, wie Hände oder Füße, entweder vereinfachen oder ganz weglassen kann. Wavelette habe ich so gestaltet, dass die Füße verdeckt sind.

Die Hände sind ganz einfach dargestellt. Wavelette ist außerdem ein schönes Beispiel für eine Figur, die auch allein, ohne Hintergrund, super da steht!

Skizzenaufbau

1 Zeichne den Kopf mit dem **Gesichtskreuz** mittig auf ein weißes DIN-A4-Blatt. Wenn du die vertikale, also die von oben nach unten verlaufende Gesichtslinie weiter nach unten ziehst, gibt sie die Mitte des Körpers vor. Sie verläuft dann als Wirbelsäule durch den Körper. Achte darauf, dass der **Körper** nicht zu lang wird, denn anstelle von Beinen wollen wir später Wellen darunter zeichnen. Anschließend zeichnest du die Schultern, Hände und das Bikinioberteil kreisförmig ein.

1

2

3

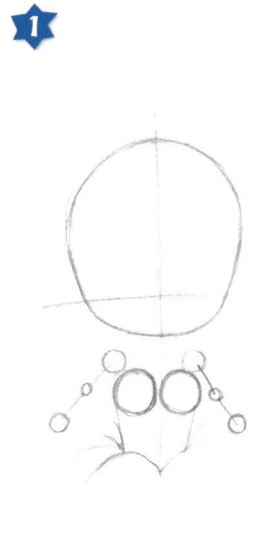

Motive ohne Hintergrund sind sehr gut z. B. für einen **T-Shirt-Druck auf Baumwolle** geeignet.

2 Nun beginnst du mit den Zeichenschritten des Gesichts. Als Erstes kommen die **Augen** dran, dann die Augenbrauen, der Mund und dann die Ohren. Anschließend zeichnest du die Arme und die Brustpartie ein.

3 Nun sind die **Wellen** an der Reihe: Beginne auf dem Kopf, wo du statt der Haare schneckenförmig die Wellen ansetzt. Auch unter dem Brustkorb setzt du Wellen an, die sich an den Enden kringeln. Am besten gehst du **abwechselnd** vor: Zeichne eine Welle oben am Kopf und eine unten am Kleid und so weiter. So fällt dir eine gleichmäßige Gestaltung leichter.

4 Baue nun die Wellen auf dem Kopf Schritt für Schritt weiter auf. Sie müssen nicht genauso aussehen wie hier; bestimme ihre Richtung selbst. Setze sie auch hintereinander, sodass sie sich gegenseitig etwas verdecken. Wavelette bekommt eine richtige Hochfrisur!

5 Das Wellenkleid wird fertig gezeichnet. Hier und da kannst du auch noch die einzelnen **Wellenspitzen** hervorschauen lassen, um Lücken auszufüllen. Zeichne Welle für Welle an das Kleid, bis es deutlich größer ist als die Haare. So fällt der Blick zuerst auf das Kleid, und Wavelette sieht aus, als würde sie auf Wellen durch das Wasser schweben.

Am Wasserwesen Wavelette kannst du gut sehen, wie schön es wirken kann, wenn die meisten Farben zu demselben Farbbereich – hier Blau – gehören.

4

5

Reinzeichnung

6 Mit einem schwarzen Fineliner zeichnest du nun alle Konturen von Wavelette dick nach, um eine tolle **Ausmalvorlage** zu erhalten. Wenn du dein Original-Skizzenblatt für die Reinzeichnung benutzt, solltest du danach alle Bleistiftspuren sorgfältig wegradieren!

Statt mit Fineliner könntest du die Linien auch z. B. mit passenden Buntstiften nachziehen.

Kolorierung & Grundierung

7 Wavelette wird nun zuerst in hellen Farben ausgemalt und vollständig grundiert. Starke Biegungen in den Wellen kannst du schön betonen, indem du **etwas Weiß** stehen lässt. Das sieht dann so aus, als spiegele sich das Licht auf der Oberfläche wieder. Du kannst diese Stellen auch im Nachhinein mit einem weißen Gel-, Lack- oder Buntstift aufhellen. Besser ist die Wirkung aber, wenn du diese Highlights schon von vornherein freilässt.

Schattierung, Kontraste & Details

8 Als Letztes kommen die Schatten und Kontraste dazu, die den Eindruck erwecken sollen, als komme Wavelette direkt aus dem Meer. Mit einem dunkelblauen Buntstift fährst du einfach den inneren Rand jeder Welle nach. Dadurch entsteht ein **Hell-Dunkel-Kontrast**, der die hellen Farben der Grundierung zum Leuchten bringt. Besonders große Wellen kannst du mit einem dunkelblauen Buntstift noch etwas weicher ausmalen.

Wenn alles ausgemalt ist, setzt du mit einem weißen Lack- oder Gelstift die **Glanzpunkte** in die Augen. Nun bezaubern die Augen herrlich in einem Karibikblau und der Chibie Wavelette ist fertig!

> Falls dir etwas von dem Material fehlt, das ich hier im Buch aufführe, improvisiere einfach mit den Stiften, die du hast. Auch die Farben kannst du immer beliebig abändern. Dabei entsteht dann dein ganz eigenes Bild!

Indigogo

Unser Indianer-Chibie Indigogo hat einen Bund Liebespfeile dabei. Leider schießt sie öfter daneben und fabriziert so ziemliches Chaos! Deswegen auch der etwas traurige Blick, denn sie hat wieder nicht richtig getroffen! Bei Indigogo habe ich eine andere **Augenform** benutzt, nämlich statt eines Ovals wie bisher eher ein Dreieck. Die Augenform spielt eine große Rolle für den Ausdruck einer Figur. Außerdem zeige ich dir, wie ein Gesicht eingeteilt wird, wenn man es leicht **von der Seite** sieht. Damit es etwas anspruchsvoller wird, kommt im Hintergrund Gras als grafisches Element dazu und ein einfacher Schatten mit der Punktiertechnik.

Grundierfarben:

Schattierfarben:

Hintergrundfarben:

Merke:
Je mehr sich ein Kopf zur Seite dreht, desto kürzer wird das Auge auf der weggedrehten Kopfseite!

Skizzenaufbau

1 Zeichne den Kopf mittig auf ein weißes DIN-A4-Blatt und ziehe das **Gesichtskreuz** ein. Weil der Kopf leicht gedreht ist, zeichnest du die von oben nach unten führende Gesichtslinie leicht nach links gebogen. Die linke Gesichtshälfte ist daher kleiner, also musst du dort das Auge kürzer und schmaler zeichnen. Anschließend zeichnest du den **Körper** ein und danach die Hände und Füße. Verbinde sie mit einfachen Strichen mit dem Körper – fertig ist das Körpergrundgerüst!

2 An der linken, etwas weggedrehten Seite des Kopfes nimmst du etwas von der Rundung weg, damit die Wange entsteht. Dann zeichnest du die dreieckigen **Augen** ein. Im Schrittbild

1

2

3

sind die unterschiedlichen Augen-
längen deutlich zu erkennen: Auf
der linken, schmaleren Gesichtshälfte ist alles viel kürzer und
schmaler gezeichnet.
Der **Mund** wird nun ganz klein
etwas oberhalb des Kinns eingezeichnet. Er gibt dem Blick einen
leicht verdutzten Eindruck und
vollendet den Gesichtsausdruck
des Chibies.

3 Zeichne die **Haare** in einzelnen Strähnen und etwas ge-
zackt ein. Sie geben dem Gesicht
etwas Freches! Beginne mit dem
Pony und vervollständige die
Haare dann Schritt für Schritt.
Anschließend wird der Haarreif
mit dem Federschmuck gezeichnet. Am Hinterkopf und an der
Seite kannst du weitere Haarsträhnen hervorblitzen lassen.

Schau dir im
Schrittbild die **Füße** genauer an:
Die Fußzehen bestehen nur aus
großen und kleinen Kreisen –
super einfach, oder?

4 Bei Indigogo werden das
Kleid, der Hals und die
Füße ziemlich detailliert ausge-
arbeitet. Dabei beginnst du am
besten damit, den Körper aufzu-
bauen, dann das **Kleid** und erst
ganz am Schluss zeichnest du die
Details dazu. Pfeil und Bogen sind
weitere wichtige Merkmale, die
Indigogo als Indianerin zu erkennen geben.

5 Dann bekommt Indigogo
noch ein Paar Schnursan-
dalen an. Ein kleines Stirnband
macht ihr **Outfit** komplett.

Reinzeichnung

6 Mit einem schwarzen Fineliner zeichnest du nun alle
Konturen von Indigogo dick nach
oder du paust sie direkt auf ein
neues sauberes Blatt Papier.
Dicke Linien lassen bei großen
Motiven die Farben leuchten. Bei
kleinen und filigranen Motiven
solltest du darauf verzichten,
sonst kann man später kleinere
Details nicht mehr erkennen.

Indigogo ist ganz
traurig, weil sie mit Pfeil und
Bogen schon wieder daneben
geschossen hat.

Kolorierung & Grundierung

7 Jetzt malst du Indigogo mit den **hellen Grundierfarben** aus. Dazu kannst du Bunt- oder Filzstifte benutzen. Beides sieht toll aus, besonders, wenn du sie kombinierst. Dort, wo das Haar über der Rundung des Kopfes liegt, lässt du etwas Weiß frei. Das sieht dann so aus, als glänzten die Haare und das Licht spiegelte sich. Auch in den Haarspitzen lässt du etwas Weiß stehen. Diese Highlights kannst du auch nachträglich mit einem weißen Gelstift oder einem weißen Buntstift einzeichnen.

Schattierung, Kontraste & Details

8 Für die Schatten und Kontraste malst du alle hell grundierten Flächen mit deinen Buntstiften **dunkel** nach. Beginne mit dem Gesicht und dunkle die Seiten des Kopfes in brauner Hautfarbe etwas ab. Dann dunkelst du unter dem Pony, der ja auch einen leichten **Schatten** auf das Gesicht wirft, die Stirn etwas ab. Nun dunkelst du sämtliche Hautpartien ab, auf die ein Schatten fällt, z. B. wirft der Rock einen Schatten auf die Knie.
Anschließend dunkelst du die **Haare** in den Spitzen und am Federschmuck mit Dunkelblau ab. Danach ist die **Kleidung** dran. Dazu schaust du am besten, wo ich die Kleidung abgedunkelt habe, und versuchst es genauso umzusetzen.
Dann setzt du mit einem weißen Gelstift **Glanzpunkte** in Indigogos Augen und ins Herz des Pfeils. Da im rechten Auge mehr Platz ist als im linken Auge, zeichnest du die Glanzpunkte im linken Auge kleiner und mit engeren Abständen ein.

> Bei Glanzpunkten in den Augen solltest du unbedingt auf eine gleiche Anzahl und Positionierung achten.

Hintergrund

9 Damit Indigogo nicht in einem weißen Raum herumschwebt, braucht sie eine **Umgebung** und einen **Boden**, auf dem sie stehen kann. Zeichne dafür mit einem grünen Buntstift ein paar grüne Blätter in den Hintergrund und male sie mit einem hellgrünen Filzstift aus.
Dort, wo Indigogo auf dem Boden steht, ziehst du mit einem hellgrauen Filzstift oder einem Bleistift einen kleinen Kreis und malst ihn hellgrau aus. Dadurch bekommt deine Figur einen **Schatten**. Um ihn peppiger zu machen, punktierst du ihn zuerst mit hellgrauen Punkten und danach sparsam mit dunkelgrauen Punkten. Die dunkelsten Punkte sind dort, wo deine Figur direkten Kontakt zum Boden hat.

> Mit einem kleinem grauen Kreis unter deiner Figur, einem „**Simple Style**"-Comic-Schatten, machst du ganz leicht deutlich, dass deine Figur auf dem Boden steht.

49

Didinji

Didinji ist eine einfache Figur, sodass du dich ganz auf die **Farben** konzentrieren kannst. Du siehst die Figur in einer leichten Seitendrehung, sodass die Flügel auf der einen Seite besonders gut zur Geltung kommen und du viel Platz hast für tolle Farbmuster!

Grundierfarben:

Schattierfarben:

Skizzenaufbau

1 Lege ein weißes DIN-A4-Blatt hochkant vor dich hin und zeichne mit Bleistift mittig den Kopf mit dem **Gesichtskreuz** ein. Die Linie, die von oben nach unten durch den Kopf verläuft, zeichnest du leicht nach rechts gebogen, weil Didinji von dir aus gesehen nach rechts schaut. Anschließend zeichnest du den kleinen tropfenförmigen **Körper** dazu sowie vier große Schmetterlingsflügel. Zwischen die großen **Flügel** zeichnest du auf jeder Seite noch je einen schmäleren Flügel – schon hast du einen sechsflügligen Schmetterling.

2 Anschließend bekommt Didinji seine **Frisur**: Sie sitzt in drei Spitzen zulaufend auf dem Kopf. Auf das Gesichtskreuz zeichnest du jetzt zwei große ovalförmige **Augen** mit gezackten Augenbrauen.

Rechts und links vom Kopf werden nun spitze Öhrchen angesetzt. Weil Didinji nach rechts schaut, solltest du darauf achten, dass man das von dir aus rechte **Ohr** nur als kleine Spitze sehen kann.

Dann zeichnest du noch die sechs Beinchen an den Körper – und schon ist die Skizze von Didinji fertig!

1

2

3 Das Gesichtskreuz und die gebogene Linie für den Kopf brauchst du jetzt nicht mehr. Radiere sie vorsichtig aus. Didinji bekommt nun noch die überlappenden Platten seines **Panzers** auf den Rücken gezeichnet – fertig ist die Skizze.

Bei diesem Motiv kannst du wunderbar mit Formen spielen. Zeichne z. B. runde statt spitzer Flügel oder versuche es mit zackigen oder eckigen Formen in den Flügeln, die du dann bunt anmalst!

Reinzeichnung

4 Mit einem schwarzen Fineliner zeichnest du nun alle **Konturen** von Didinji dick nach. Danach radierst du alle Bleistiftspuren sauber vom Blatt und kannst mit dem Ausmalen beginnen. Wenn deine Skizze aber sehr wild und voll mit Bleistiftspuren ist, ist es sinnvoller, sie auf ein neues Blatt **abzupausen**. Auf diese Weise sieht man auf dem fertigen Bild wirklich nur noch die wichtigen Linien. Auch wenn du dir bei deiner späteren Farbwahl nicht ganz sicher bist, solltest du die Zeichnung zuerst abpausen oder einscannen und ausdrucken.

Didinji ist ein Schmetterlingswesen mit sechs großen Flügeln, die ein bisschen aussehen wie Blütenblätter.

3

4

Kolorierung & Grundierung

5 Du malst Didinji als Erstes mit den **hellen Grundierfarben** aus. Dabei kannst du Buntstifte oder Filzstifte benutzen, beides bringt schöne Ergebnisse! Am besten beginnst du mit den hellsten Farben, nämlich den Gelbtönen, und arbeitest dann mit kleinen und großen Kreisen dunkle Muster in Orange in den Flügeln aus. Grundiere den ganzen kleinen Körper mit Gesicht und Augen usw. vollständig.

Schattierung

6 Nun legst du weitere Farbflächen an, besonders in Rot- und Orangetönen. Betone so die Spitzen von Flügeln und Haaren. Anschließend **schattierst** du den Körper noch ein wenig und unterstützt die Wirkung mit größeren und kleineren Punkten.

Kontraste und Details

7 Mit einem schwarzen Buntstift umzeichnest du die farbigen Muster der Flügel und gibst so der ganzen Farbfläche **klare Formen**. Wenn dir die schwarzen Einteilungen gefallen, zeichnest du sie dicker, sodass sie etwas flächiger wirken. Du darfst in deinem Bild selbstverständlich ganz andere Farben und Muster oder sogar gar kein Muster benutzen. Am Schluss setzt du die **Glanzpunkte** in die Augen – fertig!

Bestimmt hast du auch eigene Ideen für putzige Figuren. Du kannst dir auch Anregungen bei Pflanzen und Tieren holen.

Fly High

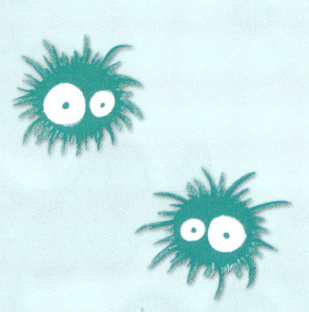

Der Körper dieses Chibies ist etwas anders aufgebaut als die Figuren, die ich dir bisher gezeigt habe: Fly High hat längere und schmalere Körperteile und ihr Kopf ist im Vergleich dazu überdimensional groß. Sie ist ein gutes Beispiel für eine **erwachsene Manga-Figur**, die zum Chibie umgewandelt wurde.

Hier habe ich den Hintergrund freigelassen – lass deiner Fantasie freien Lauf und erfinde selbst einen passenden Hintergrund! So kannst du Fly High z. B. durch farbige Outlines (wie Guluu) leuchten lassen, die Punktiertechnik üben oder etwas ganz Neues machen!

Skizzenaufbau

1 Lege ein weißes DIN-A4-Blatt hochkant vor dich hin und zeichne rechts oben mit Bleistift den Kopf ein.

Ziehe das **Gesichtskreuz** durch den Kopf. Weil der Kopf leicht gedreht ist, ist die von oben nach unten verlaufende Linie leicht nach rechts gebogen. Setze unten die Linie für die Wirbelsäule an. Auch sie ist leicht gebogen. Nun zeichnest du die schmalen **Schultern** als Querstrich ein. An beiden Enden ziehst du Kreise für die Schultergelenke. Ebenfalls mit Kreisen werden dann die Hände, die Brüste, die Hüftgelenke, die Ellbogen und Knie sowie die Füße angedeutet.

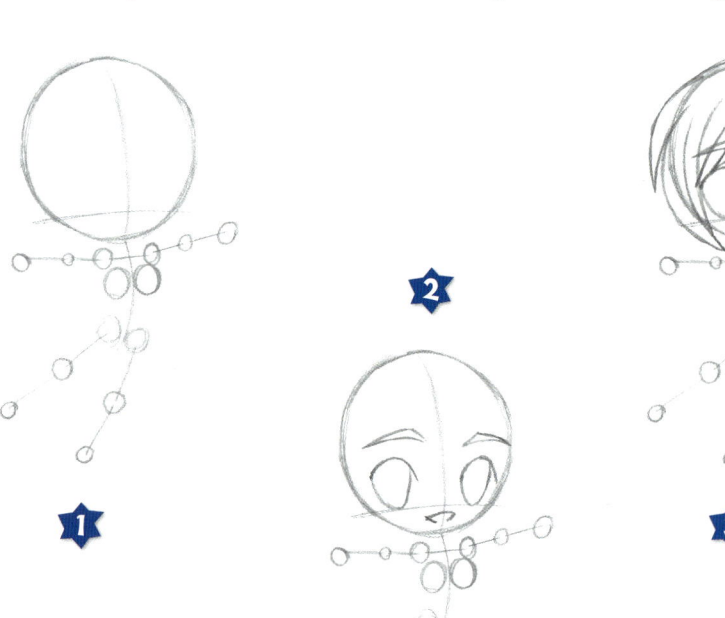

1

2

3

4

2 Nun gestaltest du das **Gesicht**: Zuerst kommen die Augen und die Augenbrauen dran. Das rechte Auge ist auch hier etwas kürzer eingezeichnet, weil diese Kopfseite ein bisschen weggedreht ist. Bei den Augen wird komplett auf Unterlider verzichtet – auch das gehört zum „Simple Style"! Dann kommt ein kleiner lächelnder Mund hinzu, der dem Gesicht einen freudigen Ausdruck verleiht.

3 Als Nächstes zeichnest du den gezackten **Pony** und ein paar Haarsträhnen um das Gesicht herum ein. Schon nimmt der Kopf langsam Gestalt an!

4 Für den **Körper** verbindest du jetzt die Kreise miteinander. Dabei solltest du darauf achten, dass z. B. die Beine an den Knien schmaler werden.

5 Für Fly Highs **Flügel** zeichnest du hinter dem Rücken sternförmig ein paar gerade Linien ein. Verbinde sie zu eckigen Spitzen, und schon hast du die Flügel! Nun kommen noch Kopfhörer auf den Kopf.

6 Der große freie Raum auf dem Blatt wird jetzt mit langen gebogenen **Haarsträhnen** ausgefüllt. Die Biegungen der Haarsträhnen machen zusammen mit dem gebogenen Körper und den ausgestreckten Armen deutlich, dass Fly High durch die Lüfte schwebt! Wenn du Haarsträhnen besonders lebendig gestalten willst, kannst du zu jeder Strähne noch einzelne Haare zeichnen, die sich etwas von den großen Strähnen abheben. Dadurch unterstützt du den Bewegungseffekt, den die Haare sowieso schon durch den Flug haben!

Das Windmädchen Fly High ist ein ganz zartes Geschöpf. Zeichne ihr Schmetterlings- oder Libellenflügel und setze kleine spitze Öhrchen an den Kopf – im Nu hast du eine kleine Elfe!

5

6

Reinzeichnung

7 Mit einem schwarzen Fineliner zeichnest du nun alle Konturen sauber nach. Es empfiehlt sich auch, sofern das möglich ist, immer **Schwarz-Weiß-Kopien** von der Reinzeichnung anzufertigen oder diese einzuscannen und auszudrucken. So bist du auf der sicheren Seite, falls einmal etwas beim Ausmalen schief geht oder du einfach nur andere Farben ausprobieren möchtest.

Kolorierung & Grundierung

8 Mit den **hellen Grundierfarben** malst du den fliegenden Chibie nun aus. Du kannst Buntstifte oder Filzstifte benutzen, beides geht in Ordnung, schwarz-weiß ist auch OK!
Ich habe hier für die Grundierung Marker benutzt und alle Schattierungen und Kontraste mit Buntstiften vollendet. In den großen Biegungen der langen Haare lässt du für die **Lichtspiegelung** etwas Weiß stehen.
Die **Augen** malst du nun in Hellbraun aus, die Pupillen in der Mitte der Augen malst du mit Dunkelbraun gleich dazu. Glanzpunkte kommen auch hier erst zum Ende des Bildes hinein.

Schattierung, Kontraste & Details

9 Für die Schatten und Kontraste fährst du alle Konturen noch einmal mit deinen Buntstiften nach und setzt stärkere Schattierungen, indem du jeden Bereich innen in den **dunkleren Farben** umrandest. Mit einem schwarzen Buntstift fährst du zusätzlich alle Umrisse nach. Insbesondere die Augen werden noch einmal kräftig verstärkt!
Einzelne lange Härchen in den langen fliegenden Haaren runden das Bild ab und machen deutlich, dass Fly High in Bewegung ist.
Danach setzt du mit einem weißen Gelstift die **Glanzpunkte** in die Augen und hebst die Streifen und Highlights im Anzug noch detaillierter hervor.

> **Achtung!**
> Die Anzahl und die Position der Glanzpunkte muss in beiden Augen gleich sein!

Action Hero Chuck

Hier leisten Chuck zwei Außerirdische Gesellschaft. Die drei werden von einem grafischen **Hintergrund** umgeben, der die Action betont.

Grundierfarben:

Schattierfarben:

Hintergrundfarben:

Skizzenaufbau

1 Wir beginnen mit Chuck. Zeichne auf einem hochkant liegenden weißen DIN-A4-Blatt mittig den Kopf und das **Gesichtskreuz** ein. Die Längslinie des Gesichtskreuzes verlängerst du zur Wirbelsäule und zeichnest dann noch die Gelenkkreise ein. Chuck hat von mir extrem kurze Gliedmaßen bekommen. Er soll später etwas grimmig dreinschauen, durch den kleinen putzigen Körper gibt es dazu ein Gegengewicht.

2 Bei den **Augen** habe ich auf Unterlider verzichtet. Die Augenbrauen sind sehr dicht an den Augen und nach oben gezogen, was einen verärgerten Blick andeutet (denk an die Gesichts-Vorübung).

Den **Mund** zeichnest du sehr breit und bis ins Kinn hinein. Das klingt komisch, ist aber ein zeichnerisches Stilmittel, das deutlich macht, dass der Kopf leicht gesenkt ist und man daher das Kinn kaum oder gar nicht sehen kann. Die Knirschzähne unterstützen den Ausdruck der Augen.

3 Der Kopf bekommt nun gezackte **Action-Haare** und seitlich der Augen zwei kleine Segelohren. Anschließend zeichnest du den Körper, die Hose und das Schild.

4 Bei diesem Schritt kannst du auch schon einige **Details** einzeichnen, z.B. Chucks Schuhe. Den Kopf beendest du jetzt mit einem Stirnband und Haaren am Hinterkopf.

5 Jetzt werden Chucks **außerirdische Freunde** gezeichnet: Rechts und links von Chuck zeichnest du zwei erdbeerförmige Körper mit kleinen Tentakeln und Noppenfüßchen.
Die Körper bestehen eigentlich nur aus dem Kopf. Daher ziehst du noch ein Gesichtskreuz hindurch, wobei die horizontale Linie für die Riesenaugen möglichst weit unten sitzt.

6 Dann zeichnest du große ovale **Augen** sowie ein paar Hautmuster – und schon sind die kleinen Tentakolons fertig!

7 Jetzt fehlt nur noch eine Szenerie im **Hintergrund**! Ich wette, du hast jetzt ganz viele neue Ideen – ich kann nur sagen, setze sie um! Etwas Neues ist immer etwas Gutes! Ich habe mich bei diesem Action-Bild für eine Explosion entschieden. Dazu zeichnest du um alle Figuren herum die Außenlinie einer großen Wolke.

8 In regelmäßigen Abständen lässt du lange **Feuerspitzen** hinter der Wolke hervorschießen. Chuck ärgert sich so sehr, dass er in die Luft gehen könnte! Sicher ist es dir auch schon einmal so gegangen. Aber anstatt dich dann weiter zu ärgern, male lieber ein tolles Bild!

Hier kommt nun endlich auch ein männliches Chibie! Ganz schön wütend, der Kleine!

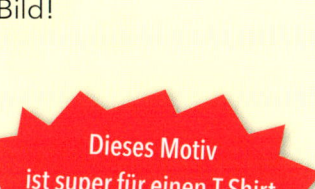

Dieses Motiv ist super für einen T-Shirt-Druck geeignet!

7

8

Reinzeichnung

9 Für die Reinzeichnung legst du ein neues Blatt auf deine Skizze und zeichnest alle Konturen von Action Hero Chuck mit einem dünnen schwarzen Fineliner sauber nach. Gerade bei diesem Motiv hast du durch die **Abpaustechnik** ganz tolle Möglichkeiten: Du kannst z.B. nebst den außerirdischen Tentakolons noch weitere oder andere Figuren dazuzeichnen. Und wenn du auf anderen Skizzenblättern tolle Figuren hast, kannst du einfach das Reinzeichnungsblatt darüberlegen und diese mit ins Bild zeichnen.

Kolorierung & Grundierung

10 Nun grundierst du mit **hellen Bunt- oder Filzstiftfarben** alle Figuren auf dem Bild. Dabei beginnst du mit der zentralen Figur in der Mitte, Chuck, und arbeitest dich von Körperteil zu Körperteil vor. Anschließend malst du seine außerirdischen Freunde aus. Bereits jetzt kannst du hier und da schon die ein oder andere Stelle vorschattieren, z.B. die Augen oder die Haare.
Chucks Haarspitzen sind alle hell geblieben, und die Pupillen der außerirdischen Tentakolons sind in **dunklen Farben** ausgemalt. Das sind kleinere Arbeiten, die man nebenher auf die Schnelle erledigen kann.

Schattierung, Kontraste & Details

11 Mit deinen Buntstiften fährst du jetzt alle farbigen Bereiche noch einmal fest nach und verstärkst die Schatten in Chucks Kleidung sowie den Körpern der Tentakolons. Schau dir die Schrittbilder im Buch genau an.
Wenn alle Figuren fertig sind, widmest du dich dem **Feuer**! Als Erstes malst du die dunkle Wolke mit Grau aus und umfährst sie dick mit einem schwarzen Buntstift. Dann fügst du um die Wolke herum viele kleine schwarze Punkte hinzu, die nach außen hin immer kleiner werden. Diese Punkte machen die Explosion gleich viel lebendiger.
Das Feuer der Explosion malst du zuerst mit Gelb, dann mit Orange und dann mit Rot aus. Anschließend ziehst du die Konturen mit einem schwarzen Buntstift noch einmal dick nach.
Zum Schluss setzt du mit einem weißen Gelstift die **Glanzpunkte** in die Augen aller Figuren.

> Verändere Chucks Gesichtsausdruck und male einen anderen Hintergrund – und du erhältst ein ganz anderes Bild! Traue dich ruhig, zu experimentieren!

Ich finde,
Action Hero Chuck wäre doch
eine gute Idee für eine Comic-Serie, oder?
Vielleicht hast du Lust, eine kleine Bildgeschichte
mit Chuck und seinen Freunden zu zeichnen?
Das wäre doch ein super Anfang!

Tolpatscheria

Dieses Motiv zeigt dir, wie du eine Gruppe von Figuren mit zusätzlichen **Außenkonturen** zu einem Bildmotiv verschmilzt. Eine oder mehrere zusätzliche Außenkonturen verwendet man oft, wenn kein weiterer Hintergrund geplant ist und man die Figuren trotzdem stärker hervorheben möchte.

Grundierfarben:

Schattierfarben:

Skizzenaufbau

1 Lege ein weißes DIN-A4-Blatt hochkant und zeichne mittig den Kopf von Tolpatscheria mit dem **Gesichtskreuz** ein. Daran zeichnest du die Wirbelsäule und die Gelenkkreise. Die Arme werden nach außen hin etwas angewinkelt.

2 In das Gesicht kommen nun die **Augen** und ein ganz kleiner Mund. Seitlich der Augen zeichnest du zwei kleine runde Ohren an den Kopf. Als Hilfestellung für die **Frisur** zeichnest du zwischen Ohren und Gesicht jeweils ein langgezogenes Trapez. Diese beiden Trapeze ergeben später grafisch aussehende Schillerlocken! Den Pony zeichnest du leicht gewellt und zackig über den Augen ein.

Jetzt geht es an die **Kleidung**: Zuerst zeichnest du die riesigen Puffärmel des Kleids vor die kleinen Schulterkreise. An den Hüftkreis zeichnest du einen weiten Rock, der unten kreisförmig endet.

3 Nun zeichnest du die Rockfalten, die Schürze, die Arme sowie die Hände, die schon die Eiswaffel in der Hand halten, dazu. Der Kopf bekommt noch mehr **Haare** und dadurch eine größere Rundung. Auch der Hinterkopf bekommt lange Haare, die du von den Ohren ausgehend nach unten hin zeichnest. Am Rockzipfel kannst du jetzt den Schuhansatz hinzeichnen.

4 Jetzt ist der Körper soweit fertig und wir können uns den **Details** widmen! Beginne mit der riesengroßen Haarschleife und zeichne dann die heruntergefallenen Eiskugeln auf den Boden. Die Schürze bekommt auch noch ein lustiges Blumenmotiv. Anschließend radierst du alle **Hilfslinien**, die du im Bild nicht mehr brauchst, sauber weg. Um das Eis am Boden flüssig erscheinen zu lassen, zeichnest du um die Kugeln herum geschwungene Linien und einzelne runde Tropfen.

5 Rechts und links vom Tollpatsch zeichnest du zwei überdimensionale **Toastscheiben** und auch sie bekommen ein Gesichtskreuz.

6 Da die beiden Toastscheiben von Herzen lachen, sind die **Augen** etwas zugekniffen. Also zeichnest du nach unten gebogene sehr dicke Sicheln mit einer ebenso gebogenen Augenlidfalte darüber. Anstatt eines normalen Mundes bekommen beide Toasts eine Tierschnauze, das untere Ende endet aber wie bei einem normalen lachenden Mund.
Dann bekommen die Toasts noch kreisförmige **Lachtränen**. Danach widmest du dich wieder Tolpatscheria: Die Blume auf ihrer Schürze bekommt ein Gesicht und Blätter. Zeichne Streifen in die Schillerlocken an den Seiten von Tolpatscherias Kopf und arbeite die Haarschleife feiner aus. Fertig ist die Skizze!

Hier hat das kleine Mädchen mit den Eiskugeln ganz schön rumgekleckert. Schadenfreude ist manchmal echt witzig, wenn nichts wirklich Schlimmes passiert ist.

Motive mit zusätzlichen Außenkonturen eignen sich super für T-Shirt-Drucke!

5

6

Reinzeichnung

7 Für die Reinzeichnung legst du ein neues Blatt auf deine Skizze und ziehst alle **Konturen** mit einem schwarzen Fineliner nach. Dort, wo Platz ist, kannst du auch mit dickeren und plakativeren Konturen arbeiten.

Für Reinzeichnungen mit fein detaillierten Motiven empfehle ich dir sehr dünnes normales Papier oder Illustrationspapier, denn dünne Papiere erleichtern das Abpausen enorm.

Auch bei diesem Bild kannst du viele andere **Ideen** umsetzen und auch neue Figuren dazuzeichnen und diese dann als Gruppe mit einer Außenkontur verbinden.

Kolorierung & Grundierung

8 Mit **hellen Bunt- oder Filzstiftfarben** grundierst du nun Tolpatscheria und die Toastscheiben. Du beginnst am besten mit der Hauptfigur, mit Tolpatscheria, und grundierst anschließend die lachenden und schadenfreudigen Toastscheiben.

Auch bei diesem Bild kannst du hier und da schon einmal **vorschattieren**, z. B. die Augen, die Haarschleife, die Schürze oder die Haare. In den Haaren lässt du in der Biegung wieder etwas Weiß als Highlight frei. So sieht es aus als ob sie glänzen. Du kannst sie aber auch komplett ausmalen und am Ende die Biegungen der Haare mit einem weißen Buntstift und einem weißen Gelstift nachbearbeiten.

Schattierung, Kontraste & Details

9 Jetzt fährst du mit Buntstiften alle Figuren, Outfits und Details noch einmal farbig nach und verstärkst die Schatten und Kontraste.

Zum Schattieren eignen sich besonders Farben, die sich deutlich in ihrer Helligkeit unterscheiden. Tolpatscherias Kleid habe ich z. B. mit Rosa grundiert und dann mit Rot schattiert. Beide Farben gehören zum selben Farbbereich, Rot ist aber **viel dunkler** und intensiver.

Wenn alle Figuren fertig sind, ziehst du

sämtliche schwarzen Konturen mit einem schwarzen Buntstift nach. So wirken die Finelinerkonturen weicher!
Mit einem weißen Gelstift zeichnest du die Glanzpunkte in die Augen und verschönerst die Eiskugeln.

10 Nun geht es an die zusätzlichen **Außenkonturen**. Sie sollen das Bild noch mehr hervorheben, die Charaktere vereinen und das ganze Motiv cooler machen! Dafür zeichnest du mit einem schwarzen Buntstift eine **Umrandung** rund um alle Figuren. Achte dabei darauf, rundherum ungefähr denselben Abstand zu den Figuren einzuhalten.

TIPP:
Du kannst so viele Außenkonturen wie möglich dazuzeichnen oder diese auch farbig gestalten. Besonders farbige Extrakonturen sehen immer toll aus!

Fantasiewesen & ihre Freunde

Beim Manga-Zeichnen kannst du deiner Fantasie freien Lauf lassen. Deine Figuren müssen noch nicht einmal von unserer Erde kommen!

Alles ist erlaubt, vom süßen Erdbeerpuddingmonster bis zu lustig-bunten Amöben-Wesen. Vieles kennst du ja schon, wie

z. B. die großen Augen. Aber wer sagt, dass ein Außerirdischer fünf Finger hat? Sei kreativ und lass dir etwas einfallen!

Space Invasion

Dieses Bild besteht aus zwei Figuren, die ich jeweils auf einem **eigenen Blatt** entwickle. In der Reinzeichnung füge ich sie zusammen.

Grundierfarben:

Schattierfarben:

Hintergrundfarben:

Skizze Puddingmonster

1 Zuerst skizzieren wir das Puddingmonster. Dazu legst du ein DIN-A4-Blatt hochkant vor dich hin. Du beginnst mit einem umgedrehten großen „U". Dieses schließt du am unteren offenen Ende mit geschwungenen Linien, so als würde Flüssigkeit verlaufen. Dann zeichnest du das **Gesichtskreuz** ein. Oberhalb der Augenlinie zeichnest du Knubbelärmchen seitlich an den Körper, und an den Stirnseiten setzt du ein paar Hörnchen an. Zwei große Ovale bilden die **Augen**, und un-

terhalb der horizontalen Gesichtslinie zeichnest du einen kleinen Grinsemund ein.

2 Auf dem Kopf zeichnest du nun die herabtropfende **Vanillesoße** ein. Um die Augen herum zeichnest du die Wimpern in derselben Form wie die Soße – so passt alles schön zusammen. Danach zeichnest du die großen Pupillen in die Augen. Unter den Grinsemund kommt jetzt ein kleiner Bogen, sodass das Puddingmonster lacht. Noch kleine Eckzähnchen und eine Zunge – fertig!

Skizze Tentakula

3 Auch Tentakula wird auf einem hochkant liegenden weißen DIN-A4-Blatt skizziert. In die Mitte der unteren Blatthälfte zeichnest du den tropfenförmigen Kopf. Dann kommen das **Gesichtskreuz**, die Wirbelsäule und die kleinen Kreise für die Gelenke. Tentakulas Körper ist sehr klein und putzig. Die Arme zeichnest du erst einmal als Striche mit kleinen Kreisen für die Hände, genauso die Beine.

4 Als Nächstes zeichnest du die Augen und einen kleinen Mund in das Gesichtskreuz. An den Kopf kommen jetzt zwei spitze schmale **Spock-Ohren**,

und über den Augen zeichnest du noch ein paar kleine Kreise in die Stirn. Das Kleid kannst du schon mit zwei gebogenen Linien andeuten. Die **Arme** werden nun etwas breiter gezeichnet, mit ganz einfachen Händen mit nur zwei Fingern.

5 Das **Kleid** wird jetzt mit einer geschwungenen Linie weitergezeichnet, sodass es wie eine Schleppe auf dem Boden aufliegt.
Seitlich am Kopf bekommt Tentakula noch ein paar hornartige **Tentakel**, die aussehen wie eine Krone.

6 Zum Schluss bekommt Tentakula viele lange, vom Rücken ausgehende Tentakel. Das Kleid kannst du noch etwas **verzieren**. Unter ihre Hände zeichnest du zwei Leuchtkugeln. Später werden diese mit Farbe so richtig zum Leuchten gebracht.

> Das Puddingmonster ist wirklich babyleicht zu zeichnen! Wie wäre es mit mehreren Puddingmonstern in ganz verschiedenen Farben?

> Tentakula und das Erdbeerpuddingmonster mit Vanillesauce sind auf unserer Erde gelandet und bringen gute Laune für alle mit!

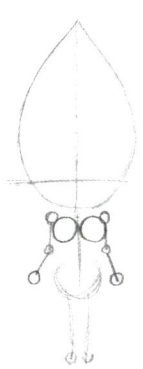

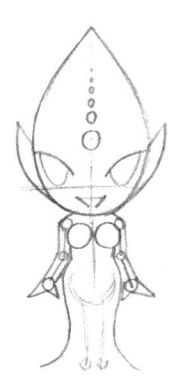

Reinzeichnung & Bildkombination

7 In der Reinzeichnung **setzt** du nun deine beiden Skizzen **zusammen**. Dafür paust du mit schwarzem Fineliner zuerst Tentakula ab, weil sie im Vordergrund des Bildes sein wird. Dabei bestimmst du jetzt schon ihre Position auf dem Blatt. Jetzt ist das Puddingmonster dran, das hinter Tentakula sitzt. Dazu legst du die Puddingmonster-Bleistiftskizze unter das Blatt mit der Reinzeichnung von Tentakula und verschiebst beide Blätter solange, bis dir die Anordnung gefällt. Dann paust du das Puddingmonster ebenfalls mit schwarzem Fineliner ab. Benutze dabei ein extra Blatt Papier als **Handauflage**, damit nichts verwischt.

Kolorierung & Grundierung

8 Nun werden die beiden grundiert, indem du sie mit **hellen Bunt- oder Filzstiftfarben** ausmalst. Arbeite von oben nach unten, damit nichts verschmiert. Du beginnst also mit dem Puddingmonster und grundierst anschließend Tentakula.

Schattierung, Kontraste & Details

9 Fahre nun mit Buntstiften die beiden Figuren und ihre **Details** noch einmal nach und verstärke die Schatten und Kontraste. Das Puddingmonster bekommt noch in verschiedenen Pinktönen kleine Blubberbläschen in den Körper gemalt. So sieht es glänzend und etwas durchsichtig aus.

Tentakulas Haut und Tentakel bekommen auch noch farbige Akzente. Anschließend fährst du sämtliche Außenkonturen mit einem schwarzen Buntstift nach, um sie **weicher** zu machen! Ebenfalls mit dem schwarzen Buntstift oder dem Fineliner hebst du Tentakulas Wimpern etwas mehr hervor. Mit einem violetten Buntstift zeichnest du nun die leuchtenden Kreise unterhalb Tentakulas Scherenhänden ein. Das Innere der Kreise lässt du weiß, so leuchten sie mehr; ein paar Strahlen um die Kreise herum verstärken den **Leuchteffekt**! Zum Schluss setzt du mit einem weißen Gelstift die Glanzpunkte in die Augen.

> Mit der **Abpaus-Technik** kannst du ganz einfach mehrere Figuren von verschiedenen Blättern zu einem Gruppenbild auf nur einem Blatt zusammenstellen!

Der Hintergrund

10 Dieser Hintergrund ist wirklich einfach, sieht aber toll aus! Zeichne mit Bleistift mit etwas Abstand eine **Linie** rund um die beiden Figuren – beim Puddingmonster etwas dicker und bei Tentakula sehr fein und dünn. Der Bereich zwischen den Figuren und dieser Linie bleibt weiß, damit sich die Figuren später gut vom Hintergrund abheben. Um Puddingmonsters Kopf herum zeichnest du ein paar große Herzen. Jetzt grundierst du den Hintergrund in einem hellen Grau und setzt mit einem dunkleren Grau **Punkte** hinein. Sie werden nach unten hin größer, unter den Füßen von Tentakula sind sie aber ganz klein. Anschließend malst du die Herzen rot aus. Mit einem weißen Gelstift umrandest du die Herzen und setzt ein paar Glanzpunkte.

Alice

Die Grundregel
für eine räumliche Wirkung:
„vorne alles groß, hinten
alles klein".

Das Bild an sich ist eine Kombination aus sehr einfachen Figuren mit einer schönen Hintergrundgestaltung, die durch die Anordnung und die Größenunterschiede der Pilze im Bild **Räumlichkeit** entstehen lässt.

Grundierfarben:

Schattierfarben:

Skizzenaufbau

1 Lege ein weißes DIN-A4-Blatt hochkant vor dich hin und zeichne in die untere linke Hälfte den **Körper** von Alice: ein großes Oval für den Kopf sowie Kreise für die Gelenke und das Becken, die du mit Linien verbindest.

2 Neben Alice werden jetzt die kleine Raupe und der Dreiohrhase skizziert: Beginne mit dem Kopf der **Raupe** und zeichne einen Kreis. Ihr Körper ähnelt

etwas einer Essiggurke … Direkt über dem Kopf der Raupe zeichnest du einen kleinen Kreis für den Kopf des **Häschens**. Für die Pfoten und Beinchen des Häschens zeichnest du kleine Kreise und Ovale ein.

3 Bei allen Figuren zeichnest du nun die **Augen** und Münder ein. Orientiere dich dabei an den Gesichtskreuzen.

4 Nun bekommt Alice ihre **Haare** mit einem gezackten Pony. Dem Häschen zeichnest du drei lange **Ohren** auf den Kopf.

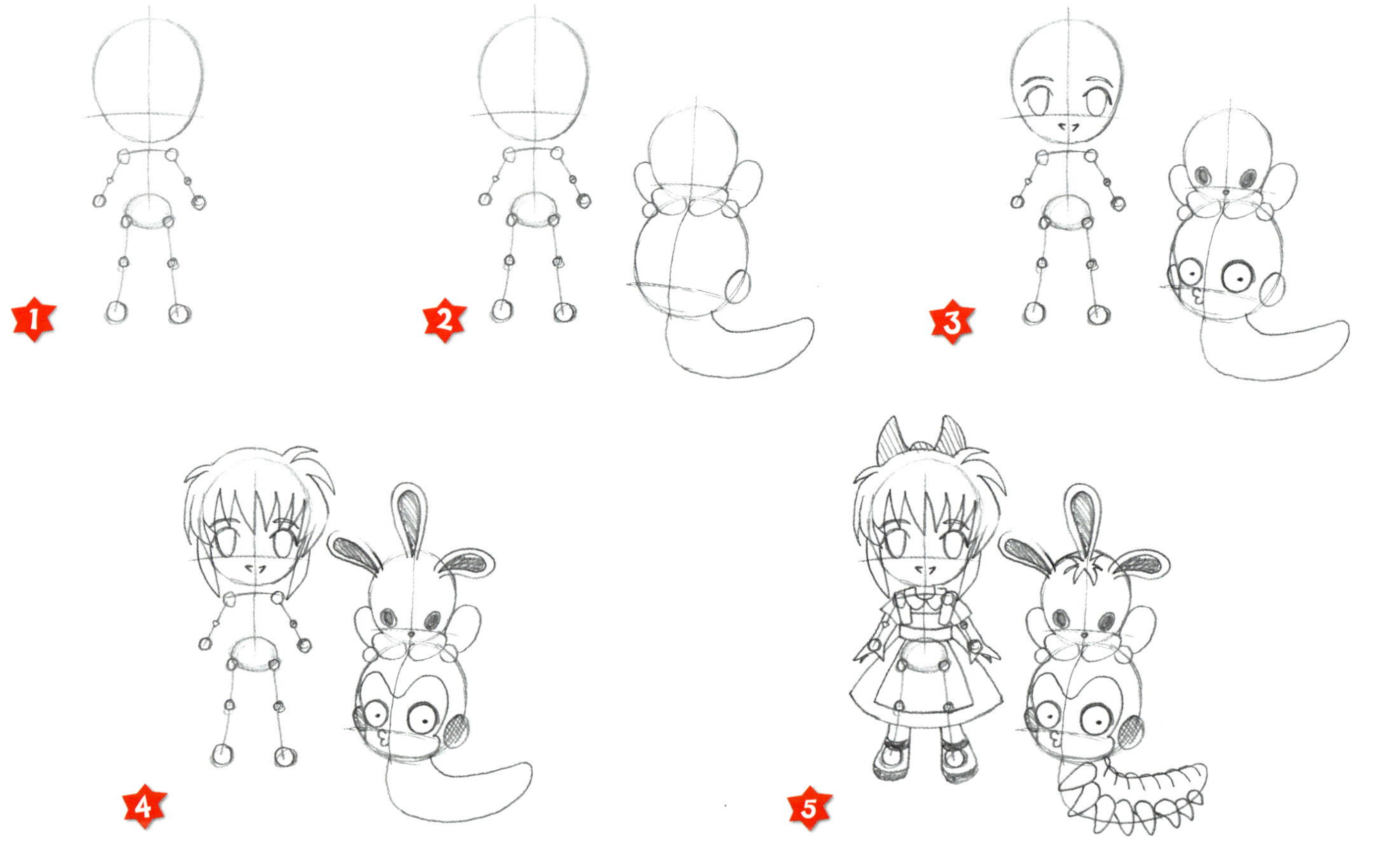

1

2

3

4

5

5 Jetzt zeichnest du Alices **Kleid** mit Schürze und kurzen Ärmeln. Auf den Kopf bekommt sie eine Schleife und Schuhe an die Füße.
Der Raupe zeichnest du noch ihre Beinchen an den Bauch.

6 Alices Haare am Hinterkopf werden bis zum Boden gezeichnet. Im Vordergrund, aber auch hinter den Figuren entlang, ziehst du einen großen Bogen. Das wird später der große **Pilzhut**, auf dem Alice und ihre Freunde stehen. Weiter im Hintergrund zeichnest du nun verschieden große Pilze. Ein Kreis am Himmel wird später die Sonne. Zum Schluss zeichnest du noch viele kleine Kreise mit Augen für die lustigen **Wuslons** in den großen Pilzhut um die Figuren herum.

7 Die Pilze und die Sonne bekommen nun ihre Augen und Münder, teilweise mit Zähnchen und Zunge.
Anschließend zeichnest du noch ein paar Gräser zwischen die Pilze. Sie sollten über Alices Kopf ungefähr auf einer Höhe enden. Dadurch entsteht eine **Horizontlinie**, also die Grenze zwischen Vorder- und Hintergrund. Die vorderen Figuren verdecken die hinteren teilweise. Dadurch entsteht im Bild der Eindruck von Entfernung.
Zum Abschluss zeichnest du die weißen Punkte in die Pilzhüte – und fertig ist die ganze Skizze.

Die süße Chibielina Alice durchstreift mit ihren Freunden, der kleinen Raupe und dem Dreiohrhasen, das Manga-Land!

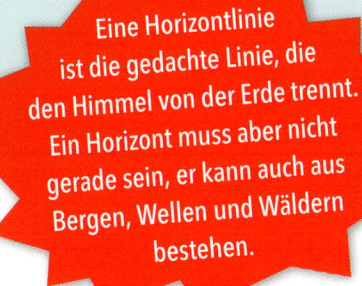

Eine Horizontlinie ist die gedachte Linie, die den Himmel von der Erde trennt. Ein Horizont muss aber nicht gerade sein, er kann auch aus Bergen, Wellen und Wäldern bestehen.

6

7

Reinzeichnung

 Weil wir es hier mit einer Reinzeichnung zu tun haben, die eigentlich das ganz Blatt in Anspruch nimmt, solltest du unbedingt ein Blatt Papier als Handauflage benutzen. Du willst doch nicht, dass etwas verschmiert!

Beim **Durchpausen** der Skizze beginnst du am besten mit Alice. Dann fährst du mit der Raupe und dem Dreiohrhasen fort. Zum Schluss kommen dann die Pilze, die Gräser und die Sonne dran!

Die Pilze haben besonders dicke schwarze Außenkonturen bekommen. Je größer ein Motiv ist, desto stärker sollte die Konturlinie sein, um das Motiv im Bild hervorzuheben! Bei den Hauptfiguren zeichnest du aber etwas dünnere **Außenkonturen**, damit man die Details später besser erkennen kann. Die Wuslons versiehst du noch mit kurzen Härchen – und die Reinzeichnung ist fertig für die Kolorierung!

Kolorierung & Grundierung

 Mit **hellen Bunt- oder Filzstiftfarben** wird die Zeichnung jetzt grundiert. Ich habe hier Filzstifte verwendet und später alle Kontraste und Schatten mit Buntstiften nachbearbeitet. Du kannst aber auch für das ganze Bild nur Buntstifte benutzen. Da werden die Farben nur etwas weniger leuchtend.

Zuerst malst du Alice und ihre Freunde aus. Ich persönlich fange meist mit den **Hautfarben** an, denn dann kann ich mich besser auf die Farbwahl für die Kleidung konzentrieren.

Schattierung, Kontraste & Details

Nun fährst du alle Figuren, die Kleidung und andere Details mit Buntstiften nach und verstärkst die Schatten und Kontraste. Damit du nichts verwischst, beginne oben im Bild und arbeite dich nach unten hin vor. Stütze deine Hand auf einem Blatt Papier ab.

Anschließend ziehst du mit einem angespitzten schwarzen Buntstift die schwarzen **Außenkonturen** aller Figuren im Bild nach. Dadurch wirken die Umrandungen weicher und der Farbkontrast wird verstärkt. Mit dem schwarzen Buntstift kannst du auch die Haare der Wuslons unterschiedlich lang zeichnen, dann sehen sie frecher aus!

Zum Abschluss fügst du mit einem weißen Lackstift noch die **Glanzpunkte** in die Augen ein.

Troublemakers

Die Troublemakers bestehen aus drei Köpfen in leicht unterschiedlichen Perspektiven. Erst die **knifflligen Details** und die persönlichen Eigenschaften der einzelnen Figuren machen das Bild so lustig.

Grundierfarben:

Schattierfarben:

Skizzenaufbau

1 Zuerst skizzierst du drei große übereinanderliegende Kreise auf dein hochkant liegendes Papier. Die **Gesichtskreuze** der Rasselbande zeichnest du auch gleich ein. Das mittlere Gesicht bekommt eine leichte Drehung nach links, die von oben nach unten verlaufende Gesichtslinie ist also leicht nach links gebogen.

Hier lassen wir die Nasen wieder weg, also kannst du die **Augenlinie** ziemlich weit unten setzen. So sehen die Figuren viel knuddeliger aus!

2 Die Arme und Füße zeichnest du als Kreise ein.
Als Erstes zeichnest du die Hände des **obersten Chibies** ein, die auf dem Kopf des mittleren Chibies aufliegen.

Beim **mittleren Chibie** stützt eine Hand das Kinn ab, und die andere Hand liegt auf der Stirn des untersten Chibies.

Das plattgedrückte **unterste Chibie** hat die Arme am Boden von sich gestreckt. Die Füße werden ganz hinten im Hintergrund ebenfalls durch Kreise angedeutet.

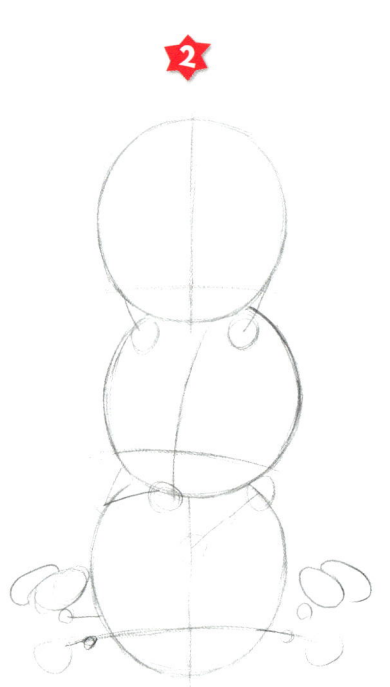

3 Nun zeichnest du allen Chibies ihre **Augen**, Augenbrauen, Münder, Ohren und Haare ein. Am besten fängst du beim obersten Chibie an und arbeitest dich dann von Kopf zu Kopf nach unten, immer zuerst das Gesicht und dann die Haare, so geht es am einfachsten.

4 Wenn die Köpfe alle fertig sind, zeichnest du ihnen **Arme** mit Händen dazu.

5 Über dem Kopf des obersten Chibies zeichnest du eine gebogene Linie für den Po sowie kleine Beinchen und Füßchen. Seitlich am Kopf zeichnest

du zwei aufgeklappte Drachenflügel.

Jetzt zeichnest du dem **mittleren Chibie** zwei Haarzöpfe und ihre kleinen Füße dazu. Diese liegen über den Beinen des untersten Chibies. Dann zeichnest du für das mittlere Chibie noch **Engelsflügel** mit spitzen Federn. Zeichne dabei zuerst die großen Federn und darüber dann die kleineren Federn. Auch der untere Chibie bekommt jetzt seine Füße. Sie sind etwas größer und werden ganz hinten eingezeichnet.

6 Damit das **Gesamtbild** jetzt einen letzten Schwung bekommt, zeichnest du dem obersten Chibie noch lange geschwungene Haare ein, die aber hinter dem mittleren Chibie mit seinen Engelsflügeln herabwallen!

Darf ich vorstellen:
Hier sind die Troublemakers,
drei Frechdachse aus drei völlig
unterschiedlichen Welten.
Aber eins verbindet sie alle:
Sie haben immer mächtig
viel Spaß!

Deine Figuren müssen nicht immer fünf Finger haben. Fantasiewesen könnten auch nur drei oder vier Finger an einer Hand haben. Das ist alles erlaubt!

Reinzeichnung

7 Lege nun deine fertige Skizze unter ein neues Blatt und ziehe die Linien mit einem **schwarzen Fineliner** nach. Am besten benutzt du dabei wieder ein extra Blatt als Handauflage, damit auch nichts verwischt. Die **Außenkonturen** darfst du ruhig dicker nachzeichnen. Weil das Motiv so groß ist, hast du wirklich genug Platz für dicke schwarze Konturen.

Wie du aber sicherlich schon gemerkt hast, zeichne ich sehr gern erst nach Fertigstellung der Koloration die Konturen dick nach. Wenn dich aber dieser zusätzliche Arbeitsschritt am Schluss stört, kannst du das gern schon vorher machen oder auch komplett auslassen (es gibt viele Zeichner, die dünne Konturen lieber mögen).

TIPP: Fertige am besten Schwarz-Weiß-Kopien von deiner Reinzeichnung an, dann kannst du verschiedene Farben und Muster ausprobieren, ohne alles noch einmal zeichnen zu müssen!

Kolorierung & Grundierung

8 Jetzt malst du mit **Bunt- oder Filzstiftfarben** alle Troublemakers aus. Du arbeitest am besten auch hier wieder mit deinem Handauflegeblatt von oben nach unten. Beginne mit dem Drachenmädchen oben, dann kommt das Engelchen in der Mitte und zum Schluss der eingequetschte Junge ganz unten.

Die Augen kannst du schon einmal **vorschattieren** und die Glanzpunkte ganz zum Schluss hinzufügen.

Schattierung, Kontraste & Details

9 Die Schatten und Kontraste runden jetzt das ganze Bild ab. Ziehe die Konturen der farbigen Flächen mit demselben, aber dunkleren Farbton nach und setze stellenweise mit leichtem Druck Schattierungen.

Wenn alle Figuren koloriert sind, ziehst du sämtliche **schwarzen Outlines** noch einmal mit einem schwarzen Buntstift nach, um die Umrandungen weicher zu machen!

Zum Schluss zeichnest du mit einem weißen Lack- oder Gelstift die **Glanzpunkte** in die Augen aller Figuren und bringst diese zum Glänzen!

Pyjama-Party

Dieses Bild ist sehr schlicht gehalten und dennoch voller Leben. Wenn man es länger anschaut, bekommt man richtig **gute Laune!**
Diesmal zeichnen wir auch einen richtigen Menschenjungen, also mal kein Chibie-Gesicht, und er bekommt diesmal sogar eine Nase!
Hahaha …

Grundierfarben:

Schattierfarben:

Skizzenaufbau

1 Lege ein Blatt Papier hochkant vor dich hin. Darauf zeichnest du zuerst die Gesichts- und Körpergerüste aller Figuren. Ich habe sie sehr einfach gehalten. Als Erstes zeichnest du **Jack** in die obere Bildhälfte, zuerst den Kopfkreis, daran die Kinnpartie und dann das Gesichtskreuz.
Vor Jack steht das **Rüssolon**. Zeichne für seinen Körper ein großes Oval. Anschließend zeichnest du Jacks Oberkörper und Arme. Der Rest wird vom Rüssolon verdeckt.
Jacks Hände liegen als Ovale auf dem Kopf des Rüssolons.
Nun kommen rechts von Jacks Kopf die Luftballons **Bäng & Päng** als etwas kleinere Ovale dazu.
Auf Jacks linker Seite zeichnest du den erdbeerförmigen Körper des großen **Tentakolons** ein. Weil sein Gesicht leicht gedreht ist, ist das Gesichtskreuz ist leicht nach links gebogen.

2 Jetzt steht das Grundgerüst aller Figuren und die Feinheiten können beginnen!
Zeichne die **Gesichter** ein. Dabei bekommt jede Figur ihre eigene Augenform. Die Münder werden alle fröhlich lachend oder grinsend eingezeichnet.

3 Danach kommen **Jacks** Haare an die Reihe, anschließend **Tentakolons** Noppen und weitere Details.
Als erste Figur stellst du dann das **Rüssolon** fertig, indem du ihm kleine Füße, Ärmchen, Ohren und die Flügelchen hinter den Ohren zeichnest.

4 **Tentakolon** bekommt jetzt zwei Arm-Tentakel. Der linke Tentakel winkt uns Betrachtern zu, der rechte umarmt Jack. Jetzt kannst du auch **Jacks** Oberkörper einzeichnen: erst den Hals, die Schultern, dann die Finger. Nun zeichnest du das Kissen, auf dem das Rüssolon sitzt.
Bäng & Päng bekommen jetzt noch ihre lachenden Münder. Dabei orientierst du dich an der unteren Rundung der Ballons, sodass ihre Münder dieselbe Biegung aufweisen.
Zum Schluss zeichnest du die glupschäugigen **Wuslons** einfach wild verteilt in dein Bild – und fertig ist die Skizze!

Reinzeichnung

5 Jetzt kannst du dein Reinzeichnungspapier auf deine Skizze legen und mit einem schwarzen Fineliner die **Outlines** aller Figuren sauber nachziehen. Benutze dabei wieder ein extra Blatt als Handauflage, damit nichts verwischt.
Falls du die Linien der Skizze nicht gut erkennen kannst, ziehe sie schon einmal direkt auf der Skizze mit einem **schwarzen Buntstift** fest nach und pause erst dann ab. Das empfiehlt sich besonders dann, wenn du normales Schreibpapier benutzt. Dann siehst du die Konturen der Skizze besser durch das Papier hindurch.

Wuslons haben immer riesige und verschieden große Glupschaugen, keine Nase und keinen Mund! Ganz einfach und megalustig, die Kleinen!

Jack veranstaltet eine Pyjama-Party für seine Freunde aus anderen Fantasiewelten. Das grüne Tentakolon, Bäng & Päng, die zwei lustigen Luftballons, das Rüssolon, und sogar die Wuslons aus dem Pilzland sind alle gekommen!

Grundierung, Schattierung & Kontrast

6 Beginne mit den hellen Farben für die Grundierung und male alle Figuren komplett aus. Dafür kannst du, wie sonst auch, Filz- oder Buntstifte verwenden.

Dann bearbeitest du alle **Augen** der Figuren. Jack bekommt menschliche Augen mit schwarzen Pupillen.

Bei **Tentakolon** und dem **Rüssolon** werden die Augen fantasievoller gestaltet, denn sie sind Fantasiewesen. Genau diese Mischung macht dieses Bild auch aus!

Für Jacks Nase zeichnest du zwei sehr kleine Nasenlöcher über dem Mund ein, die du dann mit einem dunklen Hautfarbton schattierst. Anschließend fährst du alle Figuren in den jeweiligen **dunklen Schattierfarbtönen** nach und verstärkst die Farben. Die Schatten malst du in den dazugehörigen dunklen Tönen aus. Das kann man gut z. B. bei Tentakolons Arm erkennen.

Jetzt ist der **Geisterschatten** an der Reihe. Dazu drehst du das Bild einfach kopfüber und zeichnest mit einem violetten Buntstift einen tropfenförmigen Geist, der lustig bis über beide Hörner grinst. Zeichne dann noch ein paar Hörner und Hände dazu, und schon ist der Geisterschatten fertig!

Den Geisterschatten malst du zunächst mit einen Filzstift oder Marker in einer **hellen Farbe** aus und dunkelst ihn dann mit einem Buntstift nach. Am besten beginnst du mit der Schattierung an den dunkelsten Stellen, nämlich direkt bei den sitzenden Figuren, und wirst zum Kopf des Geistes hin langsam heller.

7 Jetzt malst du in den Farben, die du für den Schatten verwendet hast, und weiteren passenden Farben, z. B. hier Rosa, rings um alle Figuren große und kleine bunte **Punkte**. Sie eignen sich auch sehr gut, um das Springen eines Wuslons sichtbar zu machen (siehe mittleres Wuslon rechts). Dann ziehst du hier und da die **Außenkonturen** mit einem schwarzen Buntstift nach. Bei feinen Linien, wie z. B. bei Jacks Kopf, lässt du diesen Schritt weg, damit die Linien nicht zu dick werden.

Als Letztes kommen mit einem weißen Gel- oder Lackstift die **Glanzpunkte** ins Bild. Arbeite dich von oben nach unten vor und benutze ein extra Blatt als Handauflage, damit nichts verschmiert.

Auch der Geisterschatten bekommt noch ein paar weiße Punkte mit dem Lackstift hineingemalt. Zeichne sie dort am dichtesten, wo der Geisterschatten an das Kissen grenzt, und lasse sie zum Kopf des Geisterschattens hin kleiner und weniger werden.

Wenn die Punkte getrocknet sind, drehst du das Bild um und legst ein neues Blatt Papier als Handauflage darauf. Dann zeichnest du mit dem weißen Lackstift die ovalen Augen ein und malst sie weiß aus.

Zeichne dann den von Horn zu Horn grinsenden Mund ein sowie die zackigen Zähne dazu, und male alles weiß aus. Fertig ist das Bild!

> **Vorsicht** bei Lack- und Gelstiften! Sie verschmieren leicht; benutze sie daher immer erst im letzten Schritt.

> Die Kerbe in den Augen funktioniert hier wie ein Glanzpunkt.

Angely im Amöboland

Grundierfarben:

Schattierfarben:

In diesem Bild wird durch die Anordnung der Amöbos und durch die Wirkung der Farbe **Räumlichkeit** geschaffen. Die Amöbos sind vorn sehr groß dargestellt und werden nach hinten hin immer kleiner – ein ganz einfacher Effekt, der viel in diesem Bild ausmacht. Warme Farben, wie Rot und Orange, wirken näher, kalte Farben, wie Blau und Violett, wirken weiter weg – das habe ich hier für die Raumwirkung genutzt.

Skizze Angely

1 Lege ein DIN-A4-Blatt hochkant vor dich hin und zeichne darauf **Angelys** Kopf groß in die obere Blatthälfte. Das **Gesichtskreuz** kannst du auch schon einzeichnen. Dann kommen die kleinen Kreise für Schultern, Ellbogen und die rechte Hand hinzu.

2 Nun zeichnest du Angelys **Gesicht** ein: die Ohren, den Pony, die Arme und die Hände. Dann zeichnest du den Ansatz von Amöbo Mans Kopf, auf dem sie sich auflehnt, wie das schmale obere Ende einer Birne. Seitlich von Amöbo Mans Kopf zeichnest du noch Angelys Knie ein.

3 Danach deutest du Angelys **Flügelchen** an, indem du seitlich der Ohren einzelne kleine Federn einzeichnest.

4 Zeichne dann weitere **Federreihen** dazu, die nach außen hin immer größer werden. Nach drei Reihen sind die Flügel fertig.

Skizze Amöbos

5 Nun zeichnest du die **Amöbos** um Angely herum. Um räumliche Tiefe zu erzeugen, musst du sie im Vordergrund, also am unteren Bildrand, sehr groß zeichnen und zum **Hintergrund** hin, also in Richtung des oberen Bildrandes, immer kleiner werden lassen. Weil so viele Amöbos versammelt sind, siehst du nur ihre Köpfe und nicht den ganzen Birnenkörper.

6 Nun bekommen alle Amöbos unterschiedlich große **Glupschaugen**. Du kannst die Amöbos so gestalten, wie du möchtest, – Hauptsache ist, sie haben zwei unterschiedlich große Glupschis! Du kannst den Amöbos lustige Pupillen zeichnen. Auch Augenlider, die oben oder unten in das Auge gezeichnet werden, sehen putzig aus. Dann bekommen alle Amöbos noch den verdutzten Kussmund. Die hochgezogenen **Augenbrauen** verstärken den erstaunten Gesichtsausdruck.

Der freche kleine Punkengel Angely stattet den Amöbos im Amöboland einen Besuch ab und landet direkt auf dem Kopf von Amöbo Man!

Augenbrauen sind sehr wichtig für den Gesichtsausdruck, hier z. B. bei den Amöbos: hochgezogene Augenbrauen + aufgerissene Glupschaugen = Verwunderung

5

6

83

Reinzeichnung

7 Pause nun deine Skizze mit einem schwarzen Fineliner sauber und dick ab. Ein **Handauflegeblatt** sorgt dafür, dass nichts verwischt. Die Außenkonturen der Amöbos könntest du auch mit dunklen Buntstiftfarben anfertigen und nur Angelys Konturen in Schwarz gestalten.

Grundierung, Schattierung & Kontrast

8 Beginne mit **Angely** und male sie mit den hellsten Farben – du kannst Bunt- oder Filzstifte verwenden – komplett aus. Die **Augen** grundierst du in Hellgrün und zeichnest dann mit einem dunkleren Buntstift das Innere dunkel nach. Dann bekommt Angely keine schwarzen, sondern farbige Pupillen. Angelys **Flügel** schattierst du an den Enden und in der Mitte der Federn nur ganz leicht in Hellblau.

Anschließend grundierst du alle **Amöbos** in beliebigen Farben. Lass in ihren Körpern und Gesichtern weiße Flecken frei, die du dann später in anderen Farbtönen ausmalst. Ich habe bewusst die roten Farbtöne weiter unten angesiedelt, damit das Rot der Amöbos und das Pink von Angelys Haaren nicht direkt aneinander grenzen. Außerdem wirken warme Farbtöne, also Rot oder Orange, immer näher am Betrachter als kühle Farbtöne, also Blau oder Grün. Die gelben Amöbos bilden mit Angelys Haaren einen tollen Farbkontrast!

Farbige Details

9 Nun werden die **Schatten** und die bunten Punkte der Amöbos gestaltet! Zuerst malst du die hellsten **Flecken** der Amöbos aus und arbeitest dich zu den dunklen vor. Bei den Schatten und Flecken habe ich jeweils die Hautfarben der benachbarten Amöbos verwendet. So entsteht ein Zusammenhalt zwischen den Amöbos.

Spare nicht an Punkten und Kreisen – sie dürfen sich auch überlappen. Je mehr, desto besser und lebendiger wird das ganze Bild! Abschließend umfährst du mit einem schwarzen Buntstift alle Außenkonturen der gesamten Figuren. Angelys Augen glänzen mit ganz vielen Glanzpunkten, so sehr freut sie sich, bei den Amöbos zu sein!

Coral & Koralay

Dieses Bild mit den beiden Korallendrachen Coral & Koralay ist recht anspruchsvoll, weil du **gedrehte** Körper und Gesichter zeichnen musst und das ganze Bild mit seinem Hintergrund wieder etwas Geduld erfordert.

Grundierfarben:

Schattierfarben:

Hintergrundfarben:

Skizzenaufbau

1 Lege ein DIN-A4-Blatt hochkant vor dich hin. In die obere Hälfte des Blattes zeichnest du die Köpfe der beiden Korallendrachen tropfenförmig ein und ziehst die **Gesichtskreuze** hindurch. Bei **Koralay** (oben rechts) ist die von oben nach unten verlaufende Gesichtslinie stark nach links gebogen, weil ihr Kopf nach links gedreht ist. Den kleinen Drachen links unten, **Coral**, sieht man von der Seite, d. h. es ist nur eine Hälfte des Gesichts zu sehen.
Dann zeichnest du die ebenfalls tropfenförmigen Körper der Drachen mit den lang geschwungenen Drachenschwänzen. Sie erinnern ein klein wenig an Seepferdchen – diese haben mich auch zu diesem Bild inspiriert.

2 Als Nächstes kommen die ovalförmigen **Augen** in die Gesichtskreuze.
Bei **Koralay** (oben rechts) ist der Kopf so gedreht, dass das linke Auge sehr schmal ist und direkt an der Kopfseite endet.
Die Augen bekommen eine ovale Iris mit einer kleineren schwarzen Pupille. Die Glanzpunkte kannst du gleich dazuzeichnen.
Bei **Coral** (unten links) ist durch die Seitenansicht des Kopfes nur ein Auge zu sehen. Zeichne es genauso wie die Augen von Koralay.
Nun werden die Backen und die gezackten **Schnauzen** gestaltet. Die Kopfspitze der Drachen zeichnest du jetzt noch etwas zackiger und fügst zwei zweifingrige Hände mit Ärmchen an ihre Körper.

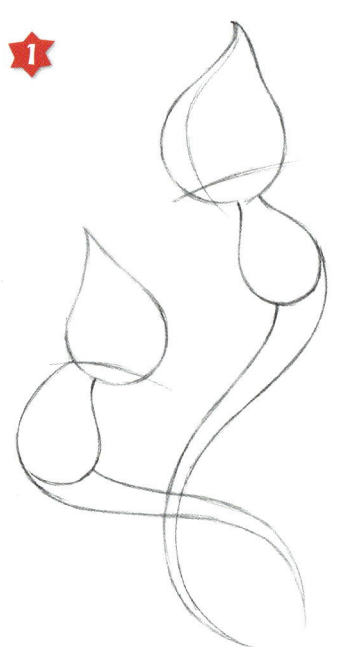

3 Als Nächstes zeichnest du bei Koralay (oben rechts) den lachenden Mund ein, dann kommen die Hörner an die Köpfe beider Drachen. Anstatt Ohren gibt es eine Art Flügelflossen.

4 Zwischen den Augen der Drachen zeichnest du nun bis zur Kopfspitze schmale, übereinander querliegende Ovale ein. Anschließend zeichnest du die Beine und Füße in die Drachenkörper. Beide Drachen bekommen dann vom Hals bis zum Ende des Schwanzes dünne Bauchkonturenlinien eingezeichnet. Jetzt haben Coral und Koralay schon viele Details, aber irgendwie sehen sie noch ein bisschen aus wie Eidechsen. Deshalb kommen jetzt noch fransige Drachenflossenflügel dazu.

> Je mehr Formen, Farben und Figuren auf dem Bild sind, desto lebendiger und interessanter ist es für den Betrachter!

5 Letzte kleine Details, wie kleine Löcher in den Flügeln, Schuppen auf dem Rücken sowie um die Augen der Korallendrachen, runden die Figuren ab und die Skizze der beiden ist fertig!

Reinzeichnung

6 Wie du die Reinzeichnung durchpaust, weißt du ja schon. In diesem Fall kannst du ein neues Blatt dafür benutzen oder du machst wie ich bei diesem Motiv direkt auf der Skizze weiter.

Statt mit einem schwarzen Fineliner ziehst du die Bleistiftskizze mit dunklen Buntstiften nach. Wir verwenden bei diesem Bild bewusst so wenig schwarze Außenkonturen wie möglich. Nur die Augenlider, und hier und da ein paar Details, zeichnest du in Schwarz! Wenn nun alle farbigen Außenkonturen der Drachen fertig sind, kann es losgehen mit der Kolorierung!

> Die beiden kleinen Drachen erinnern an Seepferdchen. Du kannst dir tausende Anregungen von Bildern aus der Meereswelt holen. Die Natur zaubert einfach die tollsten Farben und Formen!

Grundierung, Schattierung & Kontrast

7 Zuerst malst du beide Drachen mit den **hellen Buntstiftfarben** aus, danach überarbeitest du mit den dunklen Buntstiftfarben alle Flächen in den Drachen und verstärkst Schatten und Kontraste. Orientiere dich hierbei an dem Schrittbild hier im Buch – einfach vergleichen und schauen wo du noch kräftig nachdunkeln könntest!

Hier in diesem Bild haben die **Augen** zwei verschiedene Farben: Koralay hat eine grüne Iris und schwarze Pupillen und Coral eine pinkfarbene Iris und weinrote Pupillen. Neben den Augenfarben habe ich auch die Hautfarben beider Drachen extra unterschiedlich koloriert, damit das Bild spannender wird.

Hintergrund

8 Nun kommen wir zur Grundierung des Hintergrundes. Was wäre für die beiden kleinen Korallendrachen Coral und Koralay naheliegender, als die beiden mit einfachen und bunten Korallen in einer Unterwasserwelt zu umgeben?

Zuerst suchst du dir drei bis vier dunklere Buntstifte aus, mit denen du die **Außenkonturen** der Korallen frei Hand zeichnest. Bei mir im Bild sind es ganz einfach geschwungene Linien.

Koralle für Koralle baust du das Riff nun mit den dunklen Buntstiftfarben auf. Im oberen Viertel des Bildes lässt du ein Stück frei für das blaue Wasser. Jetzt kommen hellere Farben zum Grundieren zum Einsatz und du malst mit Filzstiften oder Buntstiften alle Korallen aus.

9 Falls jetzt die Außenkonturen der Korallen etwas verblasst sind, fährst du alle Korallen noch einmal mit einer noch **dunkleren Farbe** nach. Als Nächstes punktierst du mit dunklen Schattierfarben sämtliche Bereiche im Hintergrund, Koralle für Koralle, und auch das Wasser. Nimm z. B. für die grüne Koralle blaue Punkte und für die violette Koralle lila Punkte. Dabei dunkelst du besonders in den Bereichen, wo ein **Schatten** geworfen wird oder zwei Korallen aneinanderstoßen, noch mehr ab, indem du Punkte manchmal überlappen lässt! Wenn alle Punkte im Bild fertig sind, dunkelst du mit Buntstiften nachträglich die Korallen an den Spitzen etwas ab. Da die Grundierfarbe der Korallen sehr blass ist, heben sich die Korallen durch die **Punkte** nun etwas mehr in den Vordergrund und sehen auch viel schöner aus.

Zum Abpausen: die Reinzeichnungen

Seite 14

Seite 78

Seite 50

Seite 32

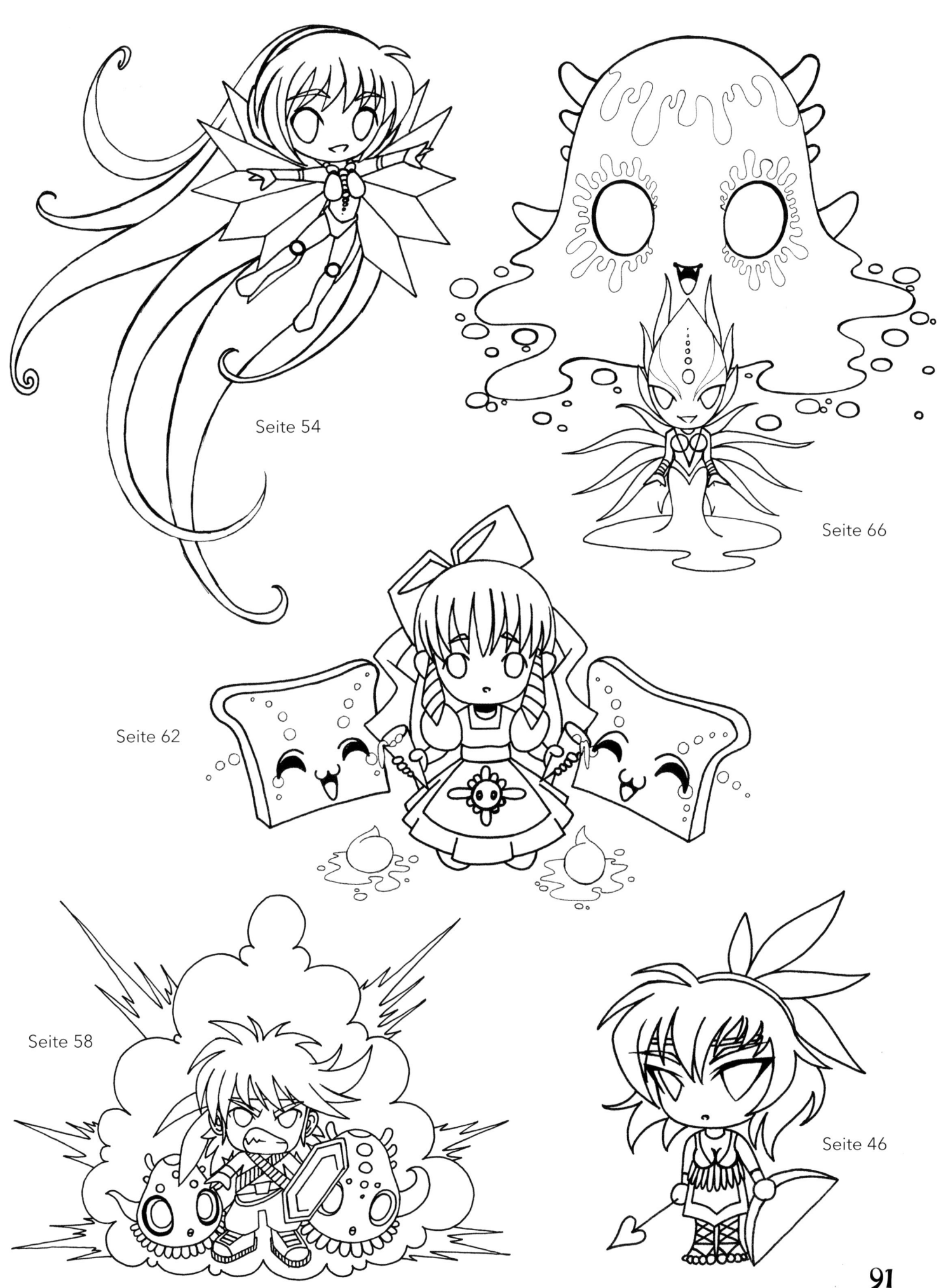

Seite 54

Seite 66

Seite 62

Seite 58

Seite 46

91

Seite 82

Seite 70

Seite 38

Seite 17

Seite 74

Seite 20

Seite 30

Seite 86

Seite 28

Seite 42

 **DIE Marke für alle kreativen Themen!**

**Zendoodle
für Kinder**
€ (D) 9,99 / € (A) 10,30*
ISBN 978-3-86230-329-8

**Das Collagenbuch
für kleine Künstler**
€ (D) 14,99 / € (A) 15,50*
ISBN 978-3-86230-313-7

**Kinderleichte
Tiermotive**
€ (D) 12,99 / € (A) 13,40*
ISBN 978-3-86230-296-3

Mein 365 Tage-Buch
€ (D) 9,99 / € (A) 10,30*
ISBN 978-3-8411-0188-4

**Frida & Fussel
werkeln mit Wolle**
€ (D) 9,99 / € (A) 10,30*
ISBN 978-3-8410-6368-7

**Dein ultimatives,
einzigartiges,
kreativ-verrücktes
Kritzel-Mitmachbuch**
€ (D) 9,99 / € (A) 10,30*
ISBN 978-3-8388-3547-1

Liebe Leserin, lieber Leser,
Sie finden unsere Titel mit vielen weiteren Kreativ-Ideen im gut sortierten Buch- und Fachhandel.
Darüber hinaus können Sie sich auch im Internet unter www.christophorus-verlag.de über unser
Buchprogramm und aktuelle Themen & Trends informieren.
Wir freuen uns auf Ihren Besuch!

*vom österreichischen Importeur preisgebunden

CHRISTOPHORUS VERLAG
www.christophorus-verlag.de

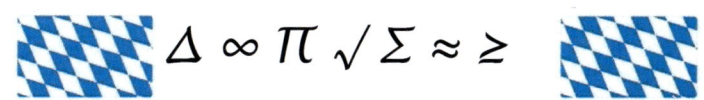

Schulaufgaben
bayerischer Realschulen

Mathematik 9 II/III

mit Lösungen

Schulaufgaben bayerischer Realschulen

Verfügbare Titel

☺ **Mathematik** für Klasse 5, 6, 7$_{II/III}$, 8$_{II/III}$, 9$_{II/III}$ und 10$_{II/III}$
☺ **Englisch** für Klasse 5, 6, 7, 8, 9 und 10
☺ **Deutsch** für Klasse 5, 6 und 7

Schulaufgaben von bayerischen Gymnasien

Verfügbare Titel

☺ **Mathematik** für Klasse 5, 6, 7, 8, 9, 10, 11 und 12
☺ **Physik** für Klasse 8, 9 und 10
☺ **Chemie** für Klasse 8, 9 und 10
☺ **Englisch** für Klasse 5, 6, 7, 8, 9, 10 und 11/12
   (Version **Green Line New** und **English G**)
☺ **Französisch** für Klasse 6, 7, 8 und 9
   (Version **Découvertes** und **À plus**)
☺ **Deutsch** für Klasse 5, 6 und 7
☺ **Latein** für Lernjahr 1 und 2

Schulproben von bayerischen Grundschulen

Verfügbare Titel

☺ **Mathematik** für Klasse 3 und 4
☺ **Deutsch** für Klasse 3 und 4
☺ **Heimat- und Sachunterricht (HSU)** für Klasse 3 und 4